高职高专会计专业
工学结合 系列教材

出纳业务全真实训

第二版

○ 施海丽 刘 英 主 编
○ 伊 静 李海蓉 副主编

清华大学出版社
北 京

内 容 简 介

本书共包括 6 个项目：出纳基本技能实训、现金业务处理实训、银行结算业务处理实训、出纳报表编制实训、出纳工作交接处理实训和出纳岗位技能综合实训。本书教学内容丰富，案例选择典型、齐全；内容安排恰当，充分考虑学生的实际情况和认知规律，前 5 个项目是单项实训，第 6 个项目是出纳岗位技能综合实训，在项目 6 中安排了 2014 年 12 月和 2015 年 1 月两个月与出纳有关的业务，可充分体现业务、账簿之间的衔接；凭证资料新颖，银行结算的凭证全部是按 2011 年版仿真制作的，发票采用的是 2014 年 8 月 1 日起使用的新版发票。

本书主要适用于高职高专会计专业及相关专业教学使用，也可作为函授、夜大等成人院校会计及相关专业教学用书，还可供自学者自学使用。

图书在版编目（CIP）数据

出纳业务全真实训/施海丽，刘英主编. --2 版. --北京：清华大学出版社，2015（2020 3重印）
高职高专会计专业工学结合系列教材
ISBN 978-7-302-39897-4

Ⅰ. ①出…　Ⅱ. ①施… ②刘…　Ⅲ. ①出纳—高等职业教育—教材　Ⅳ. ①F233

中国版本图书馆 CIP 数据核字（2015）第 079903 号

责任编辑：左卫霞
封面设计：毛丽娟
责任校对：刘　静
责任印制：刘祎淼

出版发行：清华大学出版社
　　　网　　　址：http://www.tup.com.cn，http://www.wqbook.com
　　　地　　　址：北京清华大学学研大厦 A 座　　　　　邮　　编：100084
　　　社 总 机：010-62770175　　　　　　　　　　　　邮　　购：010-62786544
　　　投稿与读者服务：010-62776969，c-service@tup.tsinghua.edu.cn
　　　质 量 反 馈：010-62772015，zhiliang@tup.tsinghua.edu.cn
印 装 者：北京密云胶印厂
经　　　销：全国新华书店
开　　本：185mm×260mm　　　印　　张：17　　　　字　　数：250 千字
版　　次：2013 年 2 月第 1 版　2015 年 7 月第 2 版　　印　　次：2020 年 3 月第 8 次印刷
定　　价：44.00 元

产品编号：064265-02

高职高专会计专业工学结合系列教材
编委会名单

主　任：梁伟祥（丽水职业技术学院）

编委会成员（按拼音顺序排列）：

李　莉（四川商务职业学院）

陈　强（浙江商业职业技术学院）

顾全根（苏州经贸职业技术学院）

李泽岚（唐山职业技术学院）

戚素文（唐山职业技术学院）

申屠新飞（温州职业技术学院）

施海丽（丽水职业技术学院）

俞校明（浙江经贸职业技术学院）

周小芬（长沙商贸旅游职业技术学院）

朱　明（浙江经贸职业技术学院）

邹　敏（湖南交通职业技术学院）

策划编辑：左卫霞（zuoer_2002@163.com）

丛书总序

　　2014 年 5 月 2 日,国务院发布了《关于加快发展现代职业教育的决定》(国发〔2014〕19 号),提出坚持校企合作、工学结合,强化教学、学习、实训相融合的教育教学活动。推行项目教学、案例教学、工作过程导向教学等教学模式。加大实习实训在教学中的比重,创新顶岗实习形式,强化以育人为目标的实习实训考核评价。积极推进学历证书和职业资格证书"双证书"制度。

　　2013 年 8 月 1 日起,陆续在全国开展交通运输业、邮政业、电信业和部分现代服务业进行营业税改征增值税的试点工作;2014 年 7 月 1 日起,实施《长期股权投资》、《职工薪酬》、《公允价值计量》、《财务报表列报》、《合并会计报表》等新的企业会计准则;2014 年 12 月 1 日起实施修订后的消费税和资源税法规,企业所得税纳税申报表从 2015 年 1 月 1 日起作了全新的修改。会计法规在变、税法在变,教材也应及时更新、再版。

　　为满足教学改革和教学内容变化的需要,我们对 2007 年立项、梁伟样教授主持的清华大学出版社重点规划课题"高职院校会计专业工学结合模式的课程研究"成果,2009 年以来出版的"高职高专会计专业工学结合系列教材"陆续进行修订、再版,包括《出纳实务》、《基础会计实务》、《财务会计实务》、《成本会计实务》、《企业纳税实务》、《会计电算化实务》、《审计实务》、《财务管理实务》、《财务报表阅读与分析》,前 7 种教材单独配备了"全真实训",以方便教师的教学与学生的实训练习。

　　本系列教材具有以下特色。

　　(1) 项目导向,任务驱动。以真实的工作目标作为项目,以完成项目的典型工作过程(环节、方法、步骤)作为任务,以任务引领知识、技能和态度,让学生在完成工作任务中学习知识,训练技能,获得实现目标所需要的职业能力。

　　(2) 内容适用,突出能力。根据高职毕业生就业岗位的实际情况,以会计岗位的各种业务为主线,以介绍工作流程中的各个程序和操作步骤为主要内容,围绕职业能力培养,注重内容的实用性和针对性,体现职业教育课程的本质特征。

　　(3) 案例引入,学做合一。每个项目以案例展开并贯穿于整个项目之中,打破长期以来的理论与实践二元分离的局面,以任务为核心,配备相应的全真实训教材,便于在做中学、学中做,学做合一,实现理论与实践一体化教学。

　　(4) 资源丰富,方便教学。在教材出版的同时为教师提供教学资源库,主要内容为:教学课件、习题答案、趣味阅读、课程标准、模拟试卷等,以便于教师教学参考。

（5）与会计从业资格无纸化考试对接。本书印有"会计考试宝"的二维码，读者可以扫描二维码，下载"会计考试宝"，单击左下角"我要试用"，在线体验会计从业资格考试系统，手机、计算机同步做题。购买本书的教师可免费获得一个"会计考试宝"账号，如有需要，可发至邮箱 zuoer_2002@163.com 索取账号和密码。

本系列教材无论从课程标准的开发、教学内容的筛选、教材结构的设计，还是到工作任务的选择，都倾注了职业教育专家、会计教育专家、企业会计实务专家和清华大学出版社各位编辑的心血，是高等职业教育教材为适应学科教育到职业教育、学科体系到能力体系两个转变进行的有益尝试。

本系列教材适用于高等职业院校、高等专科学校、成人高校及本科院校的二级职业技术学院、继续教育学院和民办高校的财会类专业，也可作为在职财会人员岗位培训、自学进修和岗位职称考试的教学用书。

本系列教材难免有不足之处，请各位专家、老师和广大读者不吝指正，希望本系列教材的出版能为我国高职会计教育事业的发展和人才培养作出贡献。

高职高专会计专业工学结合系列教材
编写委员会

苹果系统

安卓系统

扫描二维码
下载会计考试宝
马上体验吧！

请使用QQ、UC浏览器等工具进行下载。

《出纳业务全真实训》作为《出纳实务》的配套教材,自 2013 年 2 月出版以来,取得了较好的教学效果,在使用过程中读者提出了许多宝贵的修订建议。随着"营改增"政策的试行,2014 年 8 月 1 日起发票也进行了更新。为了体现这些变化,结合读者反馈的意见,在清华大学出版社的支持下,编者对教材进行了修订。

本书在第一版的基础上主要从以下两方面进行了修订。

(1) 教材涉及"营改增"的内容进行了相应的调整,发票根据国家税务总局公告 2014 年第 43 号进行了更新,采用了新版专用发票、货运专票和普通发票。

(2) 部分票据改单面印刷为双面印刷,这样不但减少了版面,而且更接近实际,学生操作起来更方便。

本教材由施海丽、刘英担任主编,伊静、李海蓉担任副主编,参与修订人员分工如下:项目 1 和项目 4 由河北工业职业技术学院伊静修订,项目 2 和项目 5 由包头职业技术学院刘英修订,项目 3 由宁夏财经职业技术学院姜泽清、山西财贸职业技术学院李海蓉、丽水职业技术学院李永波修订,项目 6 由丽水职业技术学院施海丽修订。修订过程中得到了丽水职业技术学院梁伟样教授的精心指导,并提出许多宝贵的意见,在此表示衷心的感谢!

本教材可作为高职高专会计及相关专业教学用书,也可作为函授、夜大及成人高校会计及相关专业教学用书,还可供自学者自学使用。

由于水平有限,书中难免有疏漏和不当之处,敬请读者批评指正,在使用过程中有何意见和建议请发邮件至邮箱 826103382@qq.com 与主编联系,以便于本书进一步修改完善。如需要答案请发邮件至以上邮箱索取,邮件中请说明学校和教师姓名。

编　者

2015 年 2 月

出纳基本技能实训

实训 1.1 会计数字书写技能实训

一、实训目标

1. 掌握大写数字、阿拉伯数字的书写技能。
2. 掌握票据日期大写技能。

二、实训准备

书写练习纸样书中已有。同学们可自己准备一些练习纸课下练习。

三、实训资料及要求

1. 按标准书写大写数字。

（1）大写数字书写标准。

零	壹	贰	叁	肆	伍	陆	柒	捌	玖	拾	佰	仟	万	亿			

（2）大写数字书写练习。

2. 指出下列各大写数字及数位词在书写上的正确与错误（正确的在下面方格中打"√"，错误的在下面方格中写上正确的）。

1	2	3	4	5	6	7	.8	9	0	2	3	4	6	7	8	·9	1
壹	贰	参	肆	五	陆	染	扒	玖	另	二	叁	四	陆	柒	捌	九	壹

5	7	6	9	4	0	7	1	3	数	位	词						
伍	柒	六	玫	肆	0	柴	一	参	佰	千	万	仟	乙	元	角	分	百

3. 按标准书写阿拉伯数字。

（1）阿拉伯数字书写标准。

（2）阿拉伯数字书写练习。

注：数字书写非一日之功，课下要多练。1～2 年练出来就不错。祝您成功！

4. 把下列没有数位分隔的人民币小写数字金额写成有数位分隔的小写数字金额和大写数字金额。

| 题号 | 凭证、账表上的小写金额栏 | | | | | | | | | | | 原始凭证上的大写金额 |
| | 没有数位分隔 | 有数位分隔 | | | | | | | | | | |
		千	百	十	万	千	百	十	元	角	分	
1	￥3486.27											人民币（大写）
2	￥98.03											人民币（大写）
3	￥13209008.30											人民币（大写）
4	￥10642.00											人民币（大写）
5	￥373400.05											人民币（大写）
6	￥886006.10											人民币（大写）
7	￥1600000.03											人民币（大写）
8	￥45000.10											人民币（大写）
9	￥6352869.00											人民币（大写）
10	￥303500.80											人民币（大写）
11	￥20000.58											人民币（大写）
12	￥234000.00											人民币（大写）
13	￥75863.40											人民币（大写）
14	￥43026.00											人民币（大写）
15	￥90003.00											人民币（大写）
16	￥108906.73											人民币（大写）
17	￥1402568.00											人民币（大写）
18	￥980.00											人民币（大写）
19	￥45060.00											人民币（大写）
20	￥70215.12											人民币（大写）
21	￥98504.07											人民币（大写）
22	￥32500.50											人民币（大写）
23	￥450007.00											人民币（大写）
24	￥40070.89											人民币（大写）
25	￥35100.00											人民币（大写）
26	￥3000005.00											人民币（大写）

5. 把下列各人民币大写数字金额写成小写数字金额。

| 题号 | 原始凭证上的大写金额 | 凭证、账表上的小写金额栏 | | | | | | | | | | |
| | | 没有数位分隔 | 有数位分隔 | | | | | | | | | |
			千	百	十	万	千	百	十	元	角	分
1	人民币（大写）叁佰陆拾元整											
2	人民币（大写）贰佰零捌元伍角陆分											
3	人民币（大写）肆拾捌万零玖佰元整											

题号	原始凭证上的大写金额	凭证、账表上的小写金额栏										
		没有数位分隔	有数位分隔									
			千	百	十	万	千	百	十	元	角	分
4	人民币(大写)壹万柒仟肆佰零玖元零伍分											
5	人民币(大写)贰仟元伍角陆分											
6	人民币(大写)肆佰贰拾伍元零陆分											
7	人民币(大写)叁佰伍拾贰万零伍元壹角整											
8	人民币(大写)捌仟玖佰零贰元整											
9	人民币(大写)壹佰陆拾柒元零伍分											
10	人民币(大写)壹仟元整											
11	人民币(大写)贰仟肆佰伍拾陆元零捌分											
12	人民币(大写)玖万贰仟肆佰伍拾陆元整											
13	人民币(大写)玖拾万零陆元零柒分											
14	人民币(大写)捌仟柒佰万零捌仟元整											
15	人民币(大写)柒拾叁万贰仟肆佰伍拾元整											

6. 根据票据的小写日期写出大写日期。

题号	小写日期	大写日期
1	2015.1.1	
2	2015.3.6	
3	2015.4.10	
4	2015.5.19	
5	2015.7.20	
6	2015.10.28	
7	2015.11.30	
8	2015.12.31	

实训 1.2 点钞技能实训

一、实训目标

1. 熟练掌握手工点钞的方法。

2. 熟练使用点钞机点钞。

3. 能正确辨别真假人民币。

二、实训准备

点钞券、扎条、不同面额硬币、点钞机、真假人民币。

三、实训资料及要求

1. 手工点钞。

（1）纸币清点。用准备好的点钞券、扎条进行点钞练习，采用手持式单指单张点钞法、手持式单指多张点钞法、手持式多指多张点钞法、扇面点钞法、手按式捻点法、手按式单指单张点钞法和扳点法七种方法中的两种进行练习。

（2）硬币清点。用准备好的不同面额硬币练习硬币的挑选、整点。

2. 机器点钞。用准备好的不同面额的人民币练习点钞机开、关及清点不同面额的人民币。

3. 请将各面额的第五套人民币的防伪特征及规格尺寸填入表1-1中。

表 1-1 人民币各券别防伪特征及规格尺寸

券别	防 伪 特 征	规 格 尺 寸
50元		
10元		
5元		
1元		

4. 请将图中人民币100元、20元指出的防伪特征写在表1-2中。

5

表 1-2 　　　　　　　　　　　　　人民币的防伪特征

序号	100元人民币的防伪特征	序号	20元人民币的防伪特征
1		1	
2		2	
3		3	
4		4	
5		5	
6		6	
7		7	

5. 混合真币和假币,然后进行辨别。

实训 1.3　出纳常用机具使用技能实训

一、实训目标

1. 能正确规范使用电子式、机械式保险柜。
2. 能熟练操作会计专用计算器和计算机的数字小键盘。
3. 能熟练操作 POS 机。
4. 能熟练使用点钞机进行点钞和验钞。
5. 能熟练操作支付密码器,计算票据的支付密码、进行出纳口令修改、历史记录查询等操作。

二、实训准备

保险柜、计算器、传票、计算机、POS 机、点钞机、支付密码器,需自己准备。

三、实训资料及要求

1. 使用准备好的保险柜,练习保险柜的开启、关闭、更换密码操作。
2. 使用准备好的计算器和计算机数字小键盘进行翻打传票的训练。
3. 使用准备好的 POS 机,练习收款、付款业务办理的基本操作。
4. 使用准备好的点钞机,练习机器点钞、验钞。
5. 使用准备好的支付密码器和票据,练习支付密码器的开启、关闭,按屏幕提示依次输入票据信息,计算票据的支付密码,并练习修改出纳口令,查询历史记录等基本操作。

现金业务处理实训

实训 2.1 现金收入业务处理实训

一、实训目标

1. 理解现金收入业务的处理程序。
2. 正确填写与现金收入相关的原始凭证。
3. 掌握现金收入业务账务处理。

二、实训准备

增值税普通发票 1 份、内部收款收据 2 份、统一收款收据 2 份,本书中已有。记账凭证 5 张、复写纸 2 张,需自己准备。

三、实训资料及要求

2015 年 1 月,江汉轴承股份有限公司发生的与现金收入有关的业务如下,该公司采用通用记账凭证,请按各题要求进行处理。

江汉轴承股份有限公司的基本资料

地址	浙江省江汉市汉阳路 128 号	会计主管	张华
开户银行	中国农业银行江汉白云支行(农行江汉白云支行)	出纳(兼开票员)	田小明
账号	456789123012	制单会计	王磊
税务登记号	330801001234567	复核会计	李政

注册资金	100 万元	组织机构代码	235
电话	0579-2654328	邮编	321000
地区代码	268471	经营范围	轴承生产与开发
法人代表	张进福	身份证号	332503196504111214
财务经理	李强		
预留银行印鉴	江汉轴承股份有限公司财务专用章 福张印进	发票专用章	江汉轴承股份有限公司 330801001234567 发票专用章

注: 1. 该公司是一般纳税人企业。企业法人营业执照编号: 65423102314567。

2. 报销费用 2 000 元以下会计主管审核, 2 000 元以上需法人张进福审核。

3. 中国农业银行在本书中简称为"农行"。

1. 1 月 8 日, 出纳员田小明收到客户刘军(电话 13657087107)交来的当日购买本公司轴承的现金和销售部门开具的收款单(如表 2-1 所示)。要求: ①出纳办理收款业务; ②出纳开具发票(空白发票如表 2-2 和表 2-3 所示); ③制单会计王磊编制记账凭证(记账凭证编号为记字第 2 号); ④复核会计李政复核。

表 2-1 　　　　　　　**江汉轴承股份有限公司收款单**

2015 年 1 月 8 日

商品名称	商品编码	数量	单价	金额
轴承	33908	2	351.00	702.00
合计	人民币(大写)柒佰零贰元整			￥702.00

销售员: 李明　　　　　　　收款人: 　　　　　　　收款方式:

第二联: 销货方记账联

表 2-2
3300144320

浙江增值税普通发票

发票联

No00946896

开票日期：　年　月　日

税总函[2014]102 号　海南华森实业公司

购买方	名　　　称：					密码区	（略）	
	纳税人识别号：							
	地　址、电　话：							
	开户行及账号：							
货物或应税劳务、服务名称		规格型号	单位	数量	单价	金额	税率	税额
合　计								
价税合计（大写）					（小写）			
销售方	名　　　称：					备注		
	纳税人识别号：							
	地　址、电　话：							
	开户行及账号：							

收款人：　　　　　复核：　　　　　开票人：　　　　　销售方：（章）

第二联：发票联　购买方记账凭证

表 2-3
3300144320

浙江增值税普通发票

此联不作报销、扣税凭证使用

No00946896

开票日期：　年　月　日

税总函[2014]102 号　海南华森实业公司

购买方	名　　　称：					密码区	（略）	
	纳税人识别号：							
	地　址、电　话：							
	开户行及账号：							
货物或应税劳务、服务名称		规格型号	单位	数量	单价	金额	税率	税额
合　计								
价税合计（大写）					（小写）			
销售方	名　　　称：					备注		
	纳税人识别号：							
	地　址、电　话：							
	开户行及账号：							

收款人：　　　　　复核：　　　　　开票人：　　　　　销售方：（章）

第一联：记账联　销售方记账凭证

2. 1月8日,技术厂长王乐出差回来,报销差旅费(如表2-4所示),退回余款。要求:①出纳员田小明审核报销凭证,开具收据(空白收据如表2-5~表2-7所示),办理报销业务;②制单会计王磊编制记账凭证(记账凭证编号为记字第4号);③复核会计李政复核。

表2-4

差旅费报销单

报销日期:2015年1月8日

部门	行政部	出差人	王乐		事由		北京开会			
出差日期	起止地点	飞机	火车	汽车	市内交通费	住宿费	会务费	其他	合计	单据
1月6日	江汉至北京		340.00			1 020.00	900.00		2 260.00	3
1月8日	北京至江汉		340.00						340.00	1
合　计			￥680.00			￥1 020.00	￥900.00		￥2 600.00	4
报销金额	人民币(大写)贰仟陆佰元整						￥2 600.00			
原借款	￥3 000.00	报销额	￥2 600.00	应退还	￥400.00	应补付				
财会审核意见	已审核　张华 2015.1.8		审批人意见		同意报销　张进福　2015.1.8					

主管:　　　　　　会计:　　　　　　　　出纳:　　　　　　　报销人:王乐

说明: 附单据4张略。

表2-5

收款收据

年　月　日　　　　　　　　　　　　　　　　　No1154942

交款单位		交款方式							
人民币(大写)			十万	千	百	十	元	角	分
交款事由									

第一联:存根联

收款单位:　　　　　主管:　　　　　　出纳:　　　　　　经手人:

10

表 2-6

收 款 收 据

年 月 日

No1154942

交款单位		交款方式									
人 民 币 （大写）				十	万	千	百	十	元	角	分
交款事由											

收款单位：　　　　　　主管：　　　　　　出纳：　　　　　　经手人：

第二联：收据联

表 2-7

收 款 收 据

年 月 日

No1154942

交款单位		交款方式									
人 民 币 （大写）				十	万	千	百	十	元	角	分
交款事由											

收款单位：　　　　　　主管：　　　　　　出纳：　　　　　　经手人：

第三联：记账联

　　3. 1月20日，出纳收到科瑞有限公司经办人王艳交来现金700元，系包装物押金款。
要求：①出纳员田小明开具收据（空白收据如表2-8～表2-10所示），办理收款业务；
②制单会计王磊编制记账凭证（记账凭证编号为记字第62号）；③复核会计李政复核。

表 2-8

浙江省统一收款收据

涉税举报电话　　　　　　　　　　　　　　　　　　　国税

１２３６６　　　　　　　　　**记 账 联**　　　　　收据代码：2440899654

本发票限于 2015 年 12 月 31 日前填开使用有效　　收据号码：00951887

开票日期：

浙地税印8404×209.6×250×25×3
江汉市财税劳务动服务公司承印

缴款单位或个人			
款项内容		收款方式	
人民币 （大写）		￥：	
收 款 单 位 盖 章	收款人 盖 章	备注	本收据不得用于经营 款项收入

第一联：记账联

11

表 2-9

浙江省统一收款收据

票证管理

收据联

国税

收据代码：2440899654

收据号码：00951887

本发票限于 2015 年 12 月 31 日前填开使用有效

开票日期：

浙地税印8404×209.6×250×25×3

江汉市财税劳动服务公司承印

缴款单位或个人				
款项内容			收款方式	
人民币（大写）			￥：	
收款单位盖章		收款人盖章	备注	本收据不得用于经营款项收入

第二联：收据联

表 2-10

浙江省统一收款收据

票证管理

存根联

国税

收据代码：2440899654

收据号码：00951887

本发票限于 2015 年 12 月 31 日前填开使用有效

开票日期：

浙地税印8404×209.6×250×25×3

江汉市财税劳动服务公司承印

缴款单位或个人				
款项内容			收款方式	
人民币（大写）			￥：	
收款单位盖章		收款人盖章	备注	本收据不得用于经营款项收入

第三联：存根联

4. 1 月 20 日,出纳收到现金 800 元,系海宁公司货物运输合同违约的赔偿金。要求：①出纳员田小明开具收据(空白收据如表 2-11~表 2-13 所示),办理收款业务;②制单会计王磊编制记账凭证(记账凭证编号为记字第 63 号);③复核会计李政复核。

表 2-11   **浙江省统一收款收据**

记账联   国税

本发票限于 2015 年 12 月 31 日前填开使用有效   收据代码:2440899654

开票日期: 收据号码:00951888

缴款单位或个人				
款项内容			收款方式	
人民币(大写)			￥:	
收款单位盖章	收款人盖章		备注	本收据不得用于经营款项收入

第一联:记账联

浙江地税印8404×209.6×250×25×3 江汉市财税劳动服务公司承印

表 2-12   **浙江省统一收款收据**

收据联   国税

本发票限于 2015 年 12 月 31 日前填开使用有效   收据代码:2440899654

开票日期: 收据号码:00951888

缴款单位或个人				
款项内容			收款方式	
人民币(大写)			￥:	
收款单位盖章	收款人盖章		备注	本收据不得用于经营款项收入

第二联:收据联

浙江地税印8404×209.6×250×25×3 江汉市财税劳动服务公司承印

表 2-13　　　　　　　　　　　　　　浙江省统一收款收据

国税

存 根 联

收据代码：2440899654

本发票限于 2015 年 12 月 31 日前填开使用有效

收据号码：00951888

开票日期：

缴款单位或个人				
款项内容			收款方式	
人民币 （大写）			Ｙ：	
收款 单位 盖章	收款人 盖章	备注	本收据不得用于经营 款项收入	

第三联：存根联

浙地税印8404×209.6×250×25×3

江汉市财税劳动服务公司承印

　　5. 1 月 20 日，出纳收到现金 320 元，系出纳田小明交来的上年年末现金清查中出现短款由出纳员负担的部分。要求：①出纳员田小明开具收据（空白收据如表 2-14～表 2-16 所示），办理收款业务；②制单会计王磊编制记账凭证（记账凭证编号为记字第 64 号）；③复核会计李政复核。

表 2-14　　　　　　　　　　　　　　**收 款 收 据**

年 月 日　　　　　　　　　　　　　　No 1154943

交款单位		交款方式		十万	千	百	十	元	角	分
人民币 （大写）										
交款事由										

第一联：存根联

收款单位：　　　　　　主管：　　　　　　出纳：　　　　　　经手人：

表 2-15　　　　　　　　　　　　　　**收 款 收 据**

年 月 日　　　　　　　　　　　　　　No 1154943

交款单位		交款方式		十万	千	百	十	元	角	分
人民币 （大写）										
交款事由										

第二联：收据联

收款单位：　　　　　　主管：　　　　　　出纳：　　　　　　经手人：

表 2-16

收 款 收 据

年　月　日

No1154943

交款单位		交款方式								
人 民 币 （大写）			十万	万	千	百	十	元	角	分
交款事由										

收款单位：　　　　　主管：　　　　　出纳：　　　　　经手人：

实训 2.2　现金支出业务处理实训

一、实训目标

1. 理解现金支出业务的处理程序。
2. 正确填写与现金支出相关的原始凭证。
3. 掌握现金支出业务账务处理。

二、实训准备

现金缴款单 1 份、收款收据 1 份，本书中已有；记账凭证 7 张，需自己准备。

三、实训资料及要求

2015 年 1 月江汉轴承股份有限公司发生的与现金支出有关的业务如下，请按各题要求进行处理。

1. 1 月 8 日，销售部经理张力报销广告费（发票联如表 2-17 所示，抵扣联略），以现金支付。要求：①出纳员田小明办理报销业务；②制单会计王磊编制记账凭证（记账凭证编号为记字第 10 号）；③复核会计李政复核。

表 2-17
3300144140

浙江增值税专用发票

No00669800

发票联

开票日期：2015 年 01 月 07 日

购买方	名　　　称：江汉轴承股份有限公司 纳税人识别号：330801001234567 地址、电话：江汉市汉阳路 128 号 0579-2654328 开户行及账号：农行江汉白云支行 456789123012					密码区	（略）		
货物或应税劳务、服务名称	规格型号	单位	数量	单价	金额		税率	税额	
广告设计及制作		块	1	849.06	849.06		6％	50.94	
合计					￥849.06			￥50.94	
价税合计（大写）	⊗玖佰元整					（小写）￥900.00			
销售方	名　　　称：江汉百佳广告公司 纳税人识别号：330804567235321 地址、电话：江汉市城南路 8 号 0579-2219368 开户行及账号：建行江汉城南支行 365032548100					备注			

税总函[2014]102 号 江南票务印刷业公司

第三联：发票联　购买方记账凭证

江汉百佳广告公司
330804567235321
发票专用章

收款人：李明　　　复核：王丽英　　　开票人：张军　　　销售方：（章）

2. 1 月 8 日，出纳将零星销售款 702 元存入银行。其中，100 元面值 6 张、50 元面值 2 张、1 元面值 2 张。要求：①出纳员田小明填写现金缴款单（空白现金缴款单如表 2-18 和表 2-19 所示）；②制单会计王磊编制记账凭证（记账凭证编号为记字第 15 号）；③复核会计李政复核。

表 2-18　　　　　　　　　　中国农业银行现金缴款单
年　月　日

客户填写部分	收款人户名														
	收款人账号				收款人开户银行										
	缴款人				款项来源										
	币种(√)	人民币（ ）	大写：				亿	千	百	十	万	千	百	十	元	角	分
		外币（ ）													
	券别	100 元	50 元	20 元	10 元	5 元	1 元				辅币（金额）				
	张数														
银行填写部分	日期：　　　　日志号：　　　　交易号：　　　　币种： 金额：　　　　终端号：　　　　主管：　　　　柜员：														

第一联：回单联

16

表 2-19

表 2-19   **中国农业银行现金缴款单**

年 月 日

<table>
<tr>
<td rowspan="7">客户填写部分</td>
<td colspan="2">收款人户名</td>
<td colspan="2"></td>
<td colspan="2">收款人开户银行</td>
<td colspan="10"></td>
<td rowspan="14">第二联：收入凭证，由收款人开户银行作凭证</td>
</tr>
<tr>
<td colspan="2">收款人账号</td>
<td colspan="2"></td>
<td colspan="2"></td>
<td colspan="10"></td>
</tr>
<tr>
<td colspan="2">缴款人</td>
<td colspan="2"></td>
<td colspan="2">款项来源</td>
<td colspan="10"></td>
</tr>
<tr>
<td rowspan="2">币种(√)</td>
<td>人民币( )</td>
<td rowspan="2">大写：</td>
<td rowspan="2"></td>
<td>亿</td>
<td>千</td>
<td>百</td>
<td>十</td>
<td>万</td>
<td>千</td>
<td>百</td>
<td>十</td>
<td>元</td>
<td>角</td>
<td>分</td>
</tr>
<tr>
<td>外币( )</td>
<td></td>
<td></td>
<td></td>
<td></td>
<td></td>
<td></td>
<td></td>
<td></td>
<td></td>
<td></td>
<td></td>
</tr>
<tr>
<td>券别</td>
<td>100元</td>
<td>50元</td>
<td>20元</td>
<td>10元</td>
<td colspan="2">5元</td>
<td colspan="2">1元</td>
<td colspan="4">辅币(金额)</td>
</tr>
<tr>
<td>张数</td>
<td></td>
<td></td>
<td></td>
<td></td>
<td colspan="2"></td>
<td colspan="2"></td>
<td colspan="4"></td>
</tr>
<tr>
<td rowspan="2">银行填写部分</td>
<td colspan="2">日期：</td>
<td colspan="2">日志号：</td>
<td colspan="4">交易号：</td>
<td colspan="6">币种：</td>
</tr>
<tr>
<td colspan="2">金额：</td>
<td colspan="2">终端号：</td>
<td colspan="4">主管：</td>
<td colspan="6">柜员：</td>
</tr>
</table>

3. 1 月 12 日，采购员刘军出差预借差旅费。要求：①出纳员田小明审核借款借据（借款借据如表 2-20 和表 2-21 所示），办理付款业务；②制单会计王磊编制记账凭证（记账凭证编号为记字第 24 号）；③复核会计李政复核。

表 2-20   **借 款 借 据（一）**

借款日期：2015 年 1 月 12 日

借款部门	供应科		借款理由	去北京购材料	
借款金额（大写）叁仟元整				￥3 000.00	借款记账联
部门领导意见： 　　　　同意借支　　赵强 2015.1.12 　　　　同意借支　　张进福 2015.1.12			借款人签章： 　　刘军　　2015.1.12		
备注：					

表 2-21   **借 款 借 据（二）**

借款日期：2015 年 1 月 12 日

借款部门	供应科		借款理由	去北京购材料	
借款金额（大写）叁仟元整				￥3 000.00	借款人留存
部门领导意见： 　　　　同意借支　　赵强 2015.1.12 　　　　同意借支　　张进福 2015.1.12			借款人签章： 　　刘军　　2015.1.12		
备注：					

4. 1月15日,办公室刘晓丽报销购买办公用品费用(原始凭证如表2-22所示),以现金支付。要求：①出纳员田小明办理报销业务；②制单会计王磊编制记账凭证(记账凭证编号为记字第36号)；③复核会计李政复核。

表 2-22　　　　　　　　　　**浙江省国家税务局通用机打发票**

同意支付　张华　2015.1.7　　　　发 浙 票 联

发票代码：233001171133

发票号码：00184037

开票日期：2015-01-05　　　　　　行业分类：货物销售

购货方名称：江汉轴承股份有限公司	销货方名称：江汉世纪联华超市
购货方地址或电话：0579-2654328	销货方地址或电话：0579-2145687
购货人识别号：330801001234567	销货方识别号：330801001288887
购货方银行及账号：农行江汉白云支行	销货方银行及账号：中行大洋支行
456789123012	1223641326

货物名称	数量	单价	金额
办公用品			535.00

开票金额(大写)：伍佰叁拾伍元整　　　　　　　　　　　¥535.00

审核专用章

江汉世纪联华超市
330801001288887
发票专用章

第一联：发票联　付款方记账凭证(手工无效)

开票人：刘娟　　　　　收款人：王丽　　　　　收款单位盖章

注：办公用品直接交付使用。

5. 1月15日,办公室王强报销业务招待费(如表2-23和表2-24所示),用现金支付。要求：①出纳员田小明办理报销业务；②制单会计王磊编制记账凭证(记账凭证编号为记字第38号)；③复核会计李政复核。

表 2-23　　　　　　　　　　　**费 用 报 销 单**

2015 年 1 月 15 日　　　　　　　　记账凭证附件

发生日期		报销内容	单据张数	金额								备注
月	日			百	十	万	千	百	十	元	角 分	
1	15	业务招待费				1	2	0	0	0	0	
合计人民币(大写)壹仟贰佰元整				¥	1	2	0	0	0	0		
主管意见	同意报销　张华　2015.1.15			报销人签名						王强		

杭州青联印制有限公司出品

附件5张

18

表 2-24　　　　　　　　　浙江省地方税务局通用机打发票

发 票 联　　　　　　　发票代码：233002272365

开票日期：2015-01-13　　　　　行业分类：服务业　　　　发票号码：00183333

纳税人识别号：330801001232123	机打号码：00183333
付款方名称：江汉轴承股份有限公司	付款方式：现金

项目及金额	单位	单价	金额
餐费	元	1 124.00	1 124.00

开票金额（大写）：壹仟壹佰贰拾肆元整　　　　　　　¥1 124.00

第一联：发票联　付款方记账凭证（手工无效）

开票人：李杰　　　　　收款人：王丽杰　　　　　收款单位盖章

注：另外还有市内交通票 4 张共 76 元。

6. 1 月 25 日，永仓公司业务员刘宾持领款单（如表 2-25 所示）领款，以现金支付。要求：①出纳员田小明办理付款业务；②制单会计王磊编制记账凭证（记账凭证编号为记字第 72 号）；③复核会计李政复核。

表 2-25　　　　　　　　　　　领　款　单

领款人　　　刘宾	单位　　　永仓公司
领款金额（大写）　壹仟元整	¥1 000.00

用途：退还借用设备押金

审批　张华　2015.1.25　　部门意见　同意　张晶　　领款人（盖章）刘宾

2015 年 1 月 25 日

7. 1 月 28 日，采购员刘军出差回来报销差旅费（如表 2-26 所示），差额以现金支付。要求：①出纳员田小明审核报销凭证，开具收据（空白收据如表 2-27～表 2-29 所示），办理报销业务；②制单会计王磊编制记账凭证（记账凭证编号为记字第 87 号）；③复核会计李政复核。

表 2-26 差旅费报销单

报销日期：2015 年 1 月 28 日

部门	供应科	出差人	刘军	事由	北京购材料					
出差日期	起止地点	飞机	火车	汽车	市内交通费	住宿费	会务费	其他	合计	单据
1 月 12 日	江汉至北京		340.00		365.00	2 020.00		210.00	2 935.00	18
1 月 18 日	北京至江汉		340.00						340.00	1
合计			￥680.00		￥365.00	￥2 020.00		￥210.00	￥3 275.00	19
报销金额	人民币(大写)叁仟贰佰柒拾伍元整								￥3 275.00	
原借款	￥3 000.00	报销额	￥3 275.00	应退还			应补付		￥275.00	
财会审核意见	已审核 张华 2015.1.28			审批人意见			同意报销 张进福 2015.1.28			

主管：　　　　　　会计：　　　　　　　　出纳：　　　　　　报销人：刘军

说明：附单据 19 张略。

表 2-27 收 款 收 据

年　月　日 No1154944

交款单位		交款方式									
				十	万	千	百	十	元	角	分
人民币（大写）											
交款事由											

收款单位：　　　　　　主管：　　　　　　　出纳：　　　　　　经手人：

表 2-28 收 款 收 据

年　月　日 No1154944

交款单位		交款方式									
				十	万	千	百	十	元	角	分
人民币（大写）											
交款事由											

第二联：收据联

收款单位：　　　　　　主管：　　　　　　　出纳：　　　　　　经手人：

表 2-29

收 款 收 据

年 月 日

No1154944

交款单位		交款方式								
				十	万	千	百	十	元	角	分
人民币 （大写）										
交款事由										

第三联：记账联

收款单位：　　　　　　　主管：　　　　　　　出纳：　　　　　　　经手人：

实训 2.3　现金日记账登记实训

一、实训目标

1. 能正确填写账簿启用表。
2. 熟练掌握现金日记账的登记方法。
3. 能够正确登记现金日记账并进行对账。

二、实训准备

账簿启用表、现金日记账账页，本书中已有。将实训 2.1 和实训 2.2 的记账凭证整理好。

三、实训资料及要求

2014 年 12 月 31 日,江汉轴承股份有限公司现金日记账的期末余额为 8 700 元,2015 年 1 月发生的与现金收支有关的业务见实训 2.1 和实训 2.2。要求：①出纳田小明启用现金日记账(空白账簿启用表如表 2-30 所示),现金日记账共 100 页；②出纳田小明根据上年年末余额进行年初建账(空白现金日记账账页如表 2-31 所示)；③出纳田小明登记 2015 年 1 月现金日记账并进行对账。

说明：现金日记账应逐日逐笔登记,本书为了内容安排方便,将 1 个月与现金有关的登账内容作为一个实训。

表 2-30   **账簿启用及交接表**

机构名称						印　鉴		
账簿名称					（第　册）			
账簿编号								
账簿页数	本账簿共计　页 $\binom{本账簿页数}{检点人盖章}$							
启用日期	公元　　　　　　　年　月　日							
经管人员	负责人		主办会计		复　核		记　账	
	姓　名	盖章	姓　名	盖章	姓　名	盖章	姓　名	盖章
接交记录	经管人员		接　管			交　出		
	职　别	姓　名	年　月　日		复核	年　月　日		复核
备注								

表 2-31（正面）   **现金日记账**   第 1 页

年		凭证		摘　　要	对方科目	借方	贷方	余额
月	日	字	号					

注：账页中少了核对打钩的列，对账就在数字的旁边打钩。

表 2-31（背面） 第 2 页

年		凭 证		摘　　要	对方科目	借方	贷方	余额
月	日	字	号					

银行结算业务处理实训

实训 3.1 银行账户的开设实训

一、实训目标

1. 了解银行开户应准备的资料。
2. 正确填写开立单位银行结算账户申请书。

二、实训准备

空白开立单位银行结算账户申请书,本书中已有。

三、实训资料及要求

2013 年 12 月,由各股东出资成立江汉轴承股份有限公司,出纳到银行开立基本存款户。要求:①写出出纳到银行开户时应带的资料;②出纳根据资料(见项目 2 实训企业基本情况)填写开立单位银行结算账户申请书(空白开立单位银行结算账户申请书如表 3-1 所示)。

表 3-1 **中国农业银行开立单位银行结算账户申请书**

交易代码： 申请日期：2013 年 12 月 8 日 编号：

银行打印			
存款人名称		电 话	
地 址		邮 编	
存款人类别	组织机构代码		
法定代表人（ ） 姓 名			
单位负责人（ ） 证件种类	证件号码		
行业分类	A（ ） B（ ） C（ ） D（ ） E（ ） F（ ） G（ ） H（ ） I（ ） J（ ） K（ ） L（ ） M（ ） N（ ） O（ ） P（ ） Q（ ） R（ ） S（ ） T（ ）		
注册资金	地区代码	经营范围	
证明文件种类	证明文件编号		
税务登记证编号			
账户性质	基本（ ） 一般（ ） 专用（ ） 临时（ ） 验资/增资（ ）		
资金性质	有效日期至	年 月 日	
支取方式	凭印鉴支取	凭密码支取	备 注
以下为存款人上级法人或主管单位信息：			
上级法人或主管单位名称			
基本存款账户开户许可证核准号	组织机构代码		
法定代表人（ ） 姓 名			
单位负责人（ ） 证件种类	证件号码		
以下栏目由开户银行审核后填写：			
开户银行名称	开户银行代码		
账户名称	账号		
基本存款账户开户许可证核准号	开户日期		
本存款人申请开立单位银行结算账户，并承诺所 提供的开户资料真实、有效。 　存款人（公章） 法定代表人或 　　　　　　　　负责人（签章） 　　　　　　　年 月 日	开户银行审核意见： 　经办人（签章）： 　主办会计（签章）： 　银行（签章）： 　　　　　　　　年 月 日		
中国人民银行审核意见： 经办人（签章）： 中国人民银行（签章）： （非核准类账户除外） 年 月 日			

填表说明：

1. 申请开立临时存款账户，必须填列有效日期；申请开立专用存款账户，必须填列资金性质。

2. 该行业标准由银行在营业场所公告，"行业分类"中的字母代表的行业种类如下：A. 农、林、牧、渔业；B. 采矿业；C. 制造业；D. 电力、燃气及水的生产供应业；E. 建筑业；F. 交通运输、仓储和邮政业；G. 信息传输、计算机服务及软件业；H. 批发和零售业；I. 住宿和餐饮业；J. 金融业；K. 房地产业；L. 租赁和商务服务业；M. 科学研究、技术服务和地址勘查业；N. 水利、环境和公共设施管理；O. 居民服务和其他服务业；P. 教育业；Q. 卫生、社会保障和社会福利业；R. 文化、教育和娱乐业；S. 公共管理和社会组织；T. 其他行业。

3. 带括号的根据选项在括号内填"√"。

4. 本申请书一式三联，一联开户行留存，一联中国人民银行当地分支行留存，一联存款人留存。

实训 3.2 支票结算业务处理实训

一、实训目标

1. 熟悉支票结算的使用条件。
2. 理解支票结算的流程。
3. 正确填写支票并办理相关的收付款业务。
4. 掌握支票结算业务的账务处理。

二、实训准备

空白现金支票 2 份、转账支票 1 份、进账单 1 份,本书中已有;记账凭证 4 张,需自己准备。

三、实训资料及要求

2014 年 12 月 1 日,江汉轴承股份有限公司发生的与支票结算相关的经济业务如下,请按各题要求进行处理。

1. 12 月 1 日,公司提现金 40 000.00 元,准备发放工资。要求:①出纳田小明填写现金支票(空白支票如表 3-2 所示),办理提现业务;②制单会计王磊编制记账凭证(记账凭证编号为记字第 3 号);③复核会计李政复核。

表 3-2(正面)　　　　　　　　　　中国农业银行现金支票

| 中国农业银行
现金支票存根

20203310
00165487

附加信息
＿＿＿＿＿＿＿
＿＿＿＿＿＿＿
出票日期　年 月 日

收款人:

金　额:

用　途:

单位主管　　会计 | 付款期限自出票之日起十天 | ⊕ 中国农业银行　现金支票

出票日期(大写)　　年　　月　　日
收款人:

用途:＿＿＿＿＿＿　　密码:＿＿＿＿＿＿

上列款项请从
我账户内支付

出票人签章 | 20203310
00165487

付款行名称
出票人账号 |

人民币(大写)　　　亿 千 百 十 万 千 百 十 元 角 分

复核　　　　记账

表 3-2（背面）

附加信息：		
	收款人签章 年 月 日	（粘贴单处） 根据《中华人民共和国票据法》等法律、法规的规定,签发空头支票由中国人民银行处以票面金额5%但不低于1000元的罚款。
身份证件名称：　　　　发证机关：		
号码		

2. 12月1日，出纳收到江汉富来机电设备公司转账支票一张。要求：①出纳田小明审核收到的支票（见表3-3），填写进账单（空白进账单如表3-4～表3-6所示），办理进账；②制单会计王磊编制记账凭证（记账凭证编号为记字第4号）；③复核会计李政复核。

表3-3（正面）　　　　　**中国工商银行转账支票**

中国工商银行　**转账支票**											10203320 02236508

付款期限自出票之日起十天

出票日期（大写）贰零壹肆年壹拾壹月贰拾玖日　　　　付款行名称 工行江汉前进支行
收款人：江汉轴承股份有限公司　　　　出票人账号 895465006333

人民币（大写）	伍拾陆万柒仟元整	亿	千	百	十	万	千	百	十	元	角	分
				¥	5	6	7	0	0	0	0	0

用途：　还前欠货款　　　密码：

上列款项请从我账户内支付

江汉富来机电设备公司财务专用章　　来王印富

出票人签章　　　　复核　　　　记账

表3-4　　　**中国农业银行 进账单**（回单）　　**1**

年　月　日

出票人	全　称		收款人	全　称		此联是开户银行交持（出）票人的回单
	账　号			账　号		
	开户银行			开户银行		

金额	人民币（大写）	亿	千	百	十	万	千	百	十	元	角	分

票据种类		票据张数	
票据号码			

复核：　　　　记账：　　　　　　　开户银行签章

26

表 3-3(背面)

附加信息：	被背书人	被背书人	（粘贴单处）
	背书人签章 年　月　日	背书人签章 年　月　日	

表 3-5

中国农业银行**进账单**（贷方凭证） **2**

年 月 日

出票人	全　称		收款人	全　称	
	账　号			账　号	
	开户银行			开户银行	

金额	人民币（大写）	亿	千	百	十	万	千	百	十	元	角	分

票据种类		票据张数	
票据号码			
备注：			

复核：　　　　　记账：

此联由收款人开户银行作贷方凭证

表 3-6

中国农业银行**进账单**（收账通知） **3**

年 月 日

出票人	全　称		收款人	全　称	
	账　号			账　号	
	开户银行			开户银行	

金额	人民币（大写）	亿	千	百	十	万	千	百	十	元	角	分

票据种类		票据张数	
票据号码			

复核：　　　　记账：　　　　　收款人开户银行签章

此联是收款人开户银行给收款人的收账通知

3. 12月1日,公司购买一批材料如表3-7和表3-8所示,以转账支票支付。要求：①出纳田小明填写转账支票（空白支票如表3-9所示）,办理转账业务；②制单会计王磊编制记账凭证（记账凭证编号为记字第5号）；③复核会计李政复核。

表 3-7

浙 江 增 值 税 专 用 发 票

3300144140

№00660506

抵 扣 联

开票日期：2014 年 12 月 1 日

购买方	名　　称：江汉轴承股份有限公司 纳税人识别号：330801001234567 地址、电话：江汉市汉阳路 128 号 0579-2654328 开户行及账号：农行江汉白云支行 456789123012	密码区	（略）

货物或应税劳务、服务名称	规格型号	单位	数量	单价	金额	税率	税额
C 材料		千克	30 000	20.00	600 000.00	17%	102 000.00
合计					￥600 000.00		￥102 000.00

价税合计（大写）	⊗柒拾万零贰仟元整	（小写）￥702 000.00

销售方	名　　称：江汉庆龙有限责任公司 纳税人识别号：330801001234168 地址、电话：江汉市解放街 166 号 0579-2232899 开户行及账号：工行江汉丽阳支行 895465006883	备注	江汉庆龙有限责任公司 330801001234168 发票专用章

收款人：李军　　　复核：王田　　　开票人：刘敏　　　销售方：（章）

第二联：抵扣联　购买方扣税凭证

表 3-8

浙 江 增 值 税 专 用 发 票

3300144140

№00660506

发 票 联

开票日期：2014 年 12 月 1 日

购买方	名　　称：江汉轴承股份有限公司 纳税人识别号：330801001234567 地址、电话：江汉市汉阳路 128 号 0579-2654328 开户行及账号：农行江汉白云支行 456789123012	密码区	（略）

货物或应税劳务、服务名称	规格型号	单位	数量	单价	金额	税率	税额
C 材料		千克	30 000	20.00	600 000.00	17%	102 000.00
合计					￥600 000.00		￥102 000.00

价税合计（大写）	⊗柒拾万零贰仟元整	（小写）￥702 000.00

销售方	名　　称：江汉庆龙有限责任公司 纳税人识别号：330801001234168 地址、电话：江汉市解放街 166 号 0579-2232899 开户行及账号：工行江汉丽阳支行 895465006883	备注	江汉庆龙有限责任公司 330801001234168 发票专用章

收款人：李军　　　复核：王田　　　开票人：刘敏　　　销售方：（章）

第三联：发票联　购买方记账凭证

表 3-9（正面）　　　　　　　　中国农业银行转账支票

中国农业银行 转账支票存根 20203320 00165421 附加信息 ＿＿＿＿＿＿＿＿＿ 出票日期　年 月 日 收款人： 金　额： 用　途： 单位主管　　会计	付款期限自出票之日起十天	中国农业银行　转账支票　20203320 　　　　　　　　　　　　　　　　00165421 出票日期（大写）　　　年　　月　　日付款行名称 收款人：　　　　　　　　　　　　　出票人账号

人民币 （大写）	亿	千	百	十	万	千	百	十	元	角	分

用途：＿＿＿＿＿＿＿　密码：＿＿＿＿＿＿＿

上列款项请从
我账户内支付

出票人签章　　　　　　复核　　　　记账

4. 12月1日,业务员李林（身份证号为：323302197804121524）出差暂借差旅费（如表3-10和表3-11所示）,以现金支票支付。要求：①出纳田小明填写现金支票（空白支票如表3-12所示）;②制单会计王磊编制记账凭证（记账凭证编号为记字第6号）;③复核会计李政复核。

表 3-10　　　　　　　　　　　　　借 款 借 据（一）

借款日期：2014 年 12 月 1 日

借款部门	技术科	借款理由	到上海开会	借款记账联
借款金额（大写）人民币叁仟元整			￥3 000.00	
部门领导意见：同意　2014.12.1　刘丽		借款人签章：李林		
备注：				

表 3-11　　　　　　　　　　　　　借 款 借 据（二）

借款日期：2014 年 12 月 1 日

借款部门	技术科	借款理由	到上海开会	借款人留存
借款金额（大写）人民币叁仟元整			￥3 000.00	
部门领导意见：同意　2014.12.1　刘丽		借款人签章：李林		
备注：				

表 3-9（背面）

附加信息：	被背书人	被背书人	（粘贴单处）
			根据《中华人民共和国票据法》等法律、法规的规定，签发空头支票由中国人民银行处以票面金额5%但不低于1000元的罚款。
	背书人签章 年　月　日	背书人签章 年　月　日	

表 3-12（正面）　　　　　　中国农业银行现金支票

中国农业银行 现金支票存根 20203310 00165488 附加信息 _____ 出票日期　年　月　日 收款人： 金　额： 用　途： 单位主管　　会计	付款期限自出票之日起十天	⑩ 中国农业银行　现金支票　　20203310 　　　　　　　　　　　　　　　00165488 出票日期（大写）　　　年　　月　　日付款行名称 收款人：　　　　　　　　　　　　出票人账号

人民币（大写）

亿	千	百	十	万	千	百	十	元	角	分

用途：_____　密码：_____

上列款项请从
我账户内支付

出票人签章　　　　　　复核　　　记账

实训 3.3　银行本票结算业务处理实训

一、实训目标

1. 熟悉本票结算使用条件。
2. 理解本票结算的处理流程。
3. 正确填制银行结算业务申请书办理银行本票。
4. 正确审核收到的银行本票并办理进账。
5. 掌握本票结算业务的账务处理。

二、实训准备

空白的银行结算业务申请书 1 份、进账单 1 份，本书中已有；记账凭证 2 张，需自己准备。

三、实训资料及要求

接实训 3.2,2014 年 12 月 2 日,江汉轴承股份有限公司发生的与银行本票结算相关的经济业务如下,请按各题要求进行处理。

1. 12 月 2 日,公司销售轴承一批(如表 3-13 所示),收到银行本票(如表 3-14 所示)。要求:①出纳田小明审核银行本票,填写银行进账单(空白进账单如表 3-15～表 3-17 所示),办理进账;②制单会计王磊编制记账凭证(记账凭证编号为记字第 7 号);③复核会计李政复核。

表 3-12（背面）

附加信息：		（粘贴单处）	根据《中华人民共和国票据法》等法律、法规的规定，签发空头支票由中国人民银行处以票面金额 5% 但不低于 1000 元的罚款。
	收款人签章 年　月　日		

身份证件名称：　　　　发证机关：

号码																

表 3-13
3300144140

浙江增值税专用发票

此联不作报销、扣税凭证使用

№00660506

开票日期：2014 年 12 月 2 日

购买方	名　　　称：江汉机电设备有限公司 纳税人识别号：330801001234896 地　址、电话：江汉市汉阳路 13 号 0579-2656668 开户行及账号：工行江汉中山支行 895465033383		密码区	（略）

货物或应税劳务、服务名称	规格型号	单位	数量	单价	金额	税率	税额
轴承	33 912	套	2 000	400.00	800 000.00	17％	136 000.00
合计					￥800 000.00		￥136 000.00

价税合计（大写）	⊗玖拾叁万陆仟元整	（小写）￥936 000.00

销售方	名　　　称：江汉轴承股份有限公司 纳税人识别号：330801001234567 地　址、电话：江汉市汉阳路 128 号 0579-2654328 开户行及账号：农行江汉白云支行 456789123012	备注	江汉轴承股份有限公司 330801001234567 发票专用章

收款人：田小明　　　复核：李政　　　开票人：田小明　　　销售方：（章）

表 3-14（正面）　　　　　中国工商银行本票

中国工商银行　本票　　2

10203375
20471917

出票日期（大写）　贰零壹肆年壹拾贰月零贰日

收款人：江汉轴承股份有限公司　　申请人：江汉机电设备有限公司

凭票即付人民币（大写）玖拾叁万陆仟元整	亿	千	百	十	万	千	百	十	元	角	分
		￥	9	3	6	0	0	0	0	0	0

☑转账　　□现金　　　　　　密押＿＿＿＿＿＿＿

行号＿＿＿＿＿＿＿

中国工商银行江汉中山支行
本票专用章
2014.12.02

东赵印江

备注　　　　　出纳　　　复核　　　经办

表 3-14（背面）

被背书人		被背书人	
	背书人签章 年　月　日		背书人签章 年　月　日
持票人向银行 提示付款签章：	身份证件名称：		发证机关：
	号 码		

（粘贴单处）

表 3-15　　　　　　**中国农业银行进账单**（回单）　　**1**

年　月　日

出票人	全　称		收款人	全　称	
	账　号			账　号	
	开户银行			开户银行	

金额	人民币（大写）	亿	千	百	十	万	千	百	十	元	角	分

票据种类		票据张数	
票据号码			

复核：　　　　　记账：　　　　　　　　　　　　开户银行签章

此联是开户银行交持（出）票人的回单

表 3-16　　　　　　**中国农业银行进账单**（贷方凭证）　　**2**

年　月　日

出票人	全　称		收款人	全　称	
	账　号			账　号	
	开户银行			开户银行	

金额	人民币（大写）	亿	千	百	十	万	千	百	十	元	角	分

票据种类		票据张数	
票据号码			
备注：			

复核：　　　　　记账：

此联由收款人开户银行作贷方凭证

表 3-17　　　　　　**中国农业银行进账单**（收账通知）　　**3**

年　月　日

出票人	全　称		收款人	全　称	
	账　号			账　号	
	开户银行			开户银行	

金额	人民币（大写）	亿	千	百	十	万	千	百	十	元	角	分

票据种类		票据张数	
票据号码			

复核：　　　　　记账：　　　　　　　　　　收款人开户银行签章

此联是收款人开户银行给收款人的收账通知

· 32 ·

2. 2014 年 12 月 2 日,公司向开户银行申请办理银行本票 200 000 元,用于支付前欠江汉金鑫钢构厂购料款(现金管理收费凭证如表 3-18 所示)。江汉金鑫钢构厂开户银行为泰隆银行江汉解放支行,账号为:67897970980。要求:①出纳田小明填写银行结算业务申请书(空白银行结算业务申请书如表 3-19~表 3-21 所示),办理银行本票;②制单会计王磊编制记账凭证(记账凭证编号为记字第 9 号);③复核会计李政复核。

表 3-18 　　　**中国农业银行** 结算业务收费凭证

2014 年 12 月 2 日　序号:4562899

付款人户名	江汉轴承股份有限公司				
付款人账号	456789123012				
业务种类	银行本票				
收费项目	收费基数	费率	交易量	交易金额	收费金额
手续费			1		1.00
工本费					0.20
金额(大写)	人民币壹元贰角整			(小写)￥1.20	

日期:2014-12-02　　日志号:2546　　交易码:26541023a12　　币种:人民币

金额:壹元贰角整　　终端号:3214　　主管:25　　柜员:10302

业务专用章

制票:　　　　　　　　　　　　　　　　　　　　复核:

第二联:客户回单

表 3-19 　　　**中国农业银行** 结算业务申请书　　浙 C 0128232186

申请日期　　　　　　　年　月　日

	业务类型	□电汇 □信汇 □汇票 □本票其他_____		汇款方式	□普通 □加急										
客户填写	申请人	全　　称		收款人	全　　称										
		账号或地址			账号或地址										
		开户行名称			开户行名称										
						亿	千	百	十	万	千	百	十	元	角	分
	金额(大写)人民币														
	上列款项及相关费用请从我账户内支付		支付密码												
	申请人签章		附加信息及用途												
银行打印															

会计主管:　　　　　　　　复核:　　　　　　　　记账:

第一联:记账联

表 3-20　　🏦 **中国农业银行** 结算业务申请书　　浙 C 0128232186

申请日期　　　　　　　　　年　月　日

<table>
<tr><td rowspan="9">客户填写</td><td colspan="2">业务类型</td><td colspan="2">□电汇 □信汇 □汇票 □本票
其他＿＿＿＿＿＿</td><td colspan="2">汇款方式</td><td colspan="11">□普通　□加急</td></tr>
<tr><td rowspan="3">申请人</td><td colspan="2">全　　　称</td><td colspan="2"></td><td rowspan="3">收款人</td><td colspan="2">全　　　称</td><td colspan="10"></td></tr>
<tr><td colspan="2">账号或地址</td><td colspan="2"></td><td colspan="2">账号或地址</td><td colspan="10"></td></tr>
<tr><td colspan="2">开户行名称</td><td colspan="2"></td><td colspan="2">开户行名称</td><td colspan="10"></td></tr>
<tr><td colspan="4" rowspan="2">金额(大写)人民币</td><td rowspan="2"></td><td>亿</td><td>千</td><td>百</td><td>十</td><td>万</td><td>千</td><td>百</td><td>十</td><td>元</td><td>角</td><td>分</td></tr>
<tr><td></td><td></td><td></td><td></td><td></td><td></td><td></td><td></td><td></td><td></td><td></td></tr>
<tr><td colspan="4" rowspan="3">转账日期：

　　　年　月　日</td><td rowspan="3"></td><td colspan="11">支付密码</td></tr>
<tr><td colspan="11" rowspan="2">附加信息及用途：</td></tr>
<tr></tr>
<tr><td rowspan="2">银行打印</td><td colspan="17"></td></tr>
<tr><td colspan="17"></td></tr>
<tr><td>会计主管：</td><td colspan="6">复核：</td><td colspan="11">记账：</td></tr>
</table>

第二联：发报或出票依据

表 3-21　　🏦 **中国农业银行** 结算业务申请书　　浙 C 0128232186

申请日期　　　　　　　　　年　月　日

<table>
<tr><td rowspan="9">客户填写</td><td colspan="2">业务类型</td><td colspan="2">□电汇 □信汇 □汇票 □本票
其他＿＿＿＿＿＿</td><td colspan="2">汇款方式</td><td colspan="11">□普通　□加急</td></tr>
<tr><td rowspan="3">申请人</td><td colspan="2">全　　　称</td><td colspan="2"></td><td rowspan="3">收款人</td><td colspan="2">全　　　称</td><td colspan="10"></td></tr>
<tr><td colspan="2">账号或地址</td><td colspan="2"></td><td colspan="2">账号或地址</td><td colspan="10"></td></tr>
<tr><td colspan="2">开户行名称</td><td colspan="2"></td><td colspan="2">开户行名称</td><td colspan="10"></td></tr>
<tr><td colspan="4" rowspan="2">金额(大写)人民币</td><td rowspan="2"></td><td>亿</td><td>千</td><td>百</td><td>十</td><td>万</td><td>千</td><td>百</td><td>十</td><td>元</td><td>角</td><td>分</td></tr>
<tr><td></td><td></td><td></td><td></td><td></td><td></td><td></td><td></td><td></td><td></td><td></td></tr>
<tr><td colspan="4" rowspan="3">付出行签章：</td><td rowspan="3"></td><td colspan="11">支付密码</td></tr>
<tr><td colspan="11" rowspan="2">附加信息及用途：</td></tr>
<tr></tr>
<tr><td rowspan="2">银行打印</td><td colspan="17"></td></tr>
<tr><td colspan="17"></td></tr>
<tr><td>会计主管：</td><td colspan="6">复核：</td><td colspan="11">记账：</td></tr>
</table>

第三联：回单联

实训 3.4　汇兑结算业务处理实训 ✒

◁ 一、实训目标

1. 熟悉汇兑结算使用条件。

2. 理解汇兑结算的处理流程。

3. 熟练填制银行结算业务申请书办理汇兑。

4. 正确审核收到的汇兑款。

5. 掌握汇兑结算业务的账务处理。

二、实训准备

空白银行结算业务申请书 1 份,本书中已有；记账凭证 2 张,需自己准备。

三、实训资料及要求

接实训 3.3,2014 年 12 月 3 日,江汉轴承股份有限公司发生的与汇兑结算相关的经济业务如下,请按各题要求进行处理。

1. 12 月 3 日,公司采用普通电汇结算方式支付前欠北京长城机械厂购料款 135 000 元 (现金管理收费凭证如表 3-22 所示)。北京长城机械厂地址：北京市中华南路 199 号；开户银行：工商银行北京中华支行；账号：895465033383。要求：①出纳田小明填写银行结算业务申请书(空白银行结算业务申请书如表 3-23～表 3-25 所示),办理汇款；②制单会计王磊编制记账凭证(记账凭证编号为记字第 13 号)；③复核会计李政复核。

表 3-22   中国农业银行   结算业务收费凭证

2014 年 12 月 3 日   序号：4562924

付款人户名	江汉轴承股份有限公司				
付款人账号	456789123012				
业务种类	汇兑				
收费项目	收费基数	费率	交易量	交易金额	收费金额
手续费			1		10.00
工本费					0.50
金额(大写)	人民币壹拾元伍角整			(小写)￥10.50	

日期：2014-12-03   日志号：2546   交易码： 26541023a12   币种：人民币

金额：壹拾元伍角整   终端号：3214   主管：25   柜员：10203

中国农业银行江汉白云支行 业务专用章

第二联：客户回单

制票：   复核：

表 3-23

中国农业银行 结算业务申请书 浙 C 0128232287

申请日期　　　　　　　年　月　日

客户填写	业务类型	□电汇 □信汇 □汇票 □本票 其他_____		汇款方式	□普通 □加急	
	申请人	全　称		收款人	全　称	
		账号或地址			账号或地址	
		开户行名称			开户行名称	
	金额(大写)人民币			亿 千 百 十 万 千 百 十 元 角 分		
	上列款项及相关费用请从我账户内支付		支付密码			
	申请人签章		附加信息及用途：			
银行打印						

会计主管：　　　　　　　　复核：　　　　　　　记账：

第一联：记账联

表 3-24

中国农业银行 结算业务申请书 浙 C 0128232287

申请日期　　　　　　　年　月　日

客户填写	业务类型	□电汇 □信汇 □汇票 □本票 其他_____		汇款方式	□普通 □加急	
	申请人	全　称		收款人	全　称	
		账号或地址			账号或地址	
		开户行名称			开户行名称	
	金额(大写)人民币			亿 千 百 十 万 千 百 十 元 角 分		
	转账日期：		支付密码			
	年　月　日		附加信息及用途：			
银行打印						

会计主管：　　　　　　　　复核：　　　　　　　记账：

第二联：发报或出票依据

表 3-25

中国农业银行 结算业务申请书 浙 C 0128232287

申请日期　　　　　　　　　　年　月　日

业务类型	□电汇 □信汇 □汇票 □本票 其他＿＿＿＿＿		汇款方式	□普通　□加急										
客户填写	申请人	全　称		收款人	全　称									
		账号或地址			账号或地址									
		开户行名称			开户行名称									
	金额(大写)人民币			亿	千	百	十	万	千	百	十	元	角	分
	付出行签章:			支付密码										
				附加信息及用途:										
银行打印														

会计主管:　　　　　　　　　复核:　　　　　　　　　记账:

第三联: 回单联

2. 12 月 3 日,公司收到一份收账通知(如表 3-26 所示)。要求:①出纳田小明审核收到的收账通知;②制单会计王磊编制记账凭证(记账凭证编号为记字第 16 号);③复核会计李政复核。

表 3-26　　　**中国农业银行人行电子联行电汇贷方补充报单(第三联)**

农行江汉市运行分中心城区核算组　　　　2014 年 12 月 3 日　　　　凭证编号: 225

汇出行号	8960	汇入行号	5426	凭证提交号	38127899
付款人 账号	895465035553			收款人 账号	456789123012
名称	江汉宏达服装有限责任公司			名称	江汉轴承股份有限公司
开户行	中国工商银行江汉中山支行			开户行	中国农业银行江汉白云支行
金额大写	⊗壹拾贰万陆仟零捌拾元整			金额小写	￥126 080.00
事　由	前欠货款			应解汇款编号: 2564	

　上列款项已代进账,如有误,请持此联来行商洽。

　　　　　此致

（银行盖章）
业务专用章

科　目(贷)＿＿＿＿＿＿
对方科目(借)＿＿＿＿＿＿
解汇日期: 2014 年 12 月 3 日
复核:　　　记账:　　　出纳:

(此联送收款人代收款通知或取款收据)　　　　　　　　电脑打印　手工无效

实训 3.5　托收承付结算业务处理实训

一、实训目标

1. 熟悉托收承付结算使用条件。

2. 理解托收承付结算的处理流程。

3. 熟练填制托收凭证办理托收。

4. 正确审核收到的收、付款凭证。

5. 掌握托收承付结算业务的账务处理。

二、实训准备

空白托收凭证 1 份,空白转账支票 1 份,本书中已有;记账凭证 4 张,需自己准备。

三、实训资料及要求

接实训 3.4,2014 年 12 月 6 日、13 日,江汉轴承股份有限公司发生的与托收承付结算相关的经济业务如下,请按各题要求进行处理。

1. 12 月 6 日,公司销售给金马汽配有限公司轴承一批,开具增值税发票(记账联如表 3-27 所示,其余联次略),货物已发出,运费(发票联如表 3-28 所示,抵扣联略)由销货方负担,运费以转账支票支付,上述两家公司均为国有企业,并签订有购货合同,合同号 0201289,在合同中约定以托收承付邮划(验单付款)方式进行结算。

表 3-27

3300144140

浙 江 增 值 税 专 用 发 票

此联不作报销、抵税凭证使用

No00660508

开票日期:2014 年 12 月 6 日

购买方	名　　称:金马汽配有限公司 纳税人识别号:320641001234896 地址、电话:南京市太平路 13 号 0279-2656668 开户行及账号:工行南京鼓楼支行 895460000383					密码区	(略)		
货物或应税劳务、服务名称	规格型号	单位	数量	单价	金额		税率	税额	
轴承	33903	套	500	260.00	130 000.00		17%	22 100.00	
合计					¥130 000.00			¥22 100.00	
价税合计(大写)	⊗壹拾伍万贰仟壹佰元整				(小写)¥152 100.00				
销售方	名　　称:江汉轴承股份有限公司 纳税人识别号:330801001234567 地址、电话:江汉市汉阳路 128 号 0579-2654328 开户行及账号:农行江汉白云支行 456789123012					备注	330801001234567 发票专用章		

收款人:　　　复核:李政　　　开票人:田小明　　　销售方:(章)

税总函[2014]102 号　江南票务印刷业公司

第一联:记账联　销售方记账凭证

38

表 3-28
3300144230

货物运输业增值税专用发票

（浙江 国家税务局监制章）

发票联

No 80054349

开票日期：2014 年 12 月 06 日

承运人及纳税人识别号	江汉顺风货物运输公司 330801001237642	密码区	（略）
实际受票方及纳税人识别号	江汉轴承股份有限公司 330801001234567		
收货人及纳税人识别号	金马汽配有限公司 320641001234896	发货人及纳税人识别号	江汉轴承股份有限公司 330801001234567
起运地、经由、到达地		江汉——南京	

第三联：发票联　受票方记账凭证

费用项目及金额	费用项目 运输费用	金额 1 351.35	运输货物信息	材料
合计金额 ¥1 351.35	税率 11%	税额 ¥148.65	机器编号 2235463373829	
价税合计（大写）	⊗壹仟伍佰元整		（小写）¥1 500.00	
车种车号	车船吨位	备注	330801001237642 发票专用章	
主管税务机关及代码	江汉国家税务局中山分局 883627789			

收款人：张军　　　复核：张华　　　开票人：李兰英　　　承运人：（章）

（江汉顺风货物运输公司 印章）

要求：①出纳田小明签发转账支票（空白支票如表 3-29 所示）支付运费；②出纳田小明办理托收（空白托收凭证如表 3-30～表 3-34 所示）；③制单会计王磊编制记账凭证（记账凭证编号为记字第 21 号、第 22 号）；④复核会计李政复核。

表 3-29（正面）　　　　　　　　　中国农业银行转账支票

| 中国农业银行 转账支票存根 20203320 00165422 附加信息 ———————— 出票日期 年 月 日 收款人： 金 额： 用 途： 单位主管 会计 | 付款期限自出票之日起十天 | ⊕ 中国农业银行　转账支票 20203320 00165422 |
| | | 出票日期（大写）　　年　　月　　日　付款行名称 收款人：　　　　　　　　　　　　出票人账号 |

	亿	千	百	十	万	千	百	十	元	角	分
人民币（大写）											

用途：_____　　密码：_____

上列款项请从我账户内支付

出票人签章　　　　　　复核　　　　记账

表 3-29（背面）

附加信息：	被背书人	被背书人	（粘贴单处）	
				根据《中华人民共和国票据法》等法律、法规的规定,签发空头支票由中国人民银行处以票面金额5％但不低于1000元的罚款。
	背书人签章 年 月 日	背书人签章 年 月 日		

表 3-30   (中国农业银行) **托收凭证**（受理回单）

1

委托日期　　年　月　日

业务类型	委托收款（□邮划、□电划）			托收承付（□邮划、□电划）										
付款人	全称			收款人	全称									
	账号				账号									
	地址	省　　市县　开户行			地址	省　　市县　开户行									
金额	人民币（大写）					亿	千	百	十	万	千	百	十	元	角	分
款项内容		托收凭证名称			附寄单据张数									
商品发运情况			合同名称号码											
备注：		款项收妥日期			收款人开户银行签章									
复核　　记账			年　月　日		年　月　日									

此联是收款人开户银行给收款人的受理回单

表 3-31   (中国农业银行) **托收凭证**（贷方凭证）

2

委托日期　　年　月　日

业务类型	委托收款（□邮划、□电划）			托收承付（□邮划、□电划）										
付款人	全称			收款人	全称									
	账号				账号									
	地址	省　　市县　开户行			地址	省　　市县　开户行									
金额	人民币（大写）					亿	千	百	十	万	千	百	十	元	角	分
款项内容		托收凭证名称			附寄单据张数									
商品发运情况			合同名称号码											
备注：		上列款项随附有关债务证明，请予办理。												
收款人开户银行收到日期　　年　月　日			收款人签章		复核　　记账									

此联是收款人开户银行作贷方凭证

表 3-32　 中国农业银行　**托收凭证**（借方凭证）

3

| 委托日期　　年　月　日 | | 付款期限　　年　月　日 | |

业务类型	委托收款（□邮划、□电划）		托收承付（□邮划、□电划）	
付款人	全称		收款人	全称
	账号			账号
	地址　省　市县　开户行			地址　省　市县　开户行

金额	人民币（大写）	亿 千 百 十 万 千 百 十 元 角 分

款项内容		托收凭证名称		附寄单据张数	
商品发运情况			合同名称号码		

备注：

付款人开户银行收到日期　　年　月　日	收款人开户银行签章　　年　月　日	复核　　　记账

此联付款人开户银行作借方凭证

表 3-33　 中国农业银行　**托收凭证**（汇款依据或收账通知）

4

| 委托日期　　年　月　日 | | 付款期限　　年　月　日 | |

业务类型	委托收款（□邮划、□电划）		托收承付（□邮划、□电划）	
付款人	全称		收款人	全称
	账号			账号
	地址　省　市县　开户行			地址　省　市县　开户行

金额	人民币（大写）	亿 千 百 十 万 千 百 十 元 角 分

款项内容		托收凭证名称		附寄单据张数	
商品发运情况			合同名称号码		

备注： 复核　　　记账	上述款项已划回收入你方账户内 收款人开户银行签章　　年　月　日	

此联付款人开户银行凭以汇款或收款人开户银行作收账通知

41

表 3-34　　　　 中国农业银行 **托收凭证**（付款通知）

5

| 委托日期　年　月　日 | 付款期限　年　月　日 |

业务类型	委托收款（□邮划、□电划）		托收承付（□邮划、□电划）	
付款人	全称		**收款人**	全称
	账号			账号
	地址　省　市县　开户行			地址　省　市县　开户行

金额	人民币（大写）	亿 千 百 十 万 千 百 十 元 角 分

款项内容		托收凭证名称		附寄单据张数	
商品发运情况		合同名称号码			

备注：		付款人注意： 1. 根据《支付结算办法》规定，上列托收款项，在付期限内未提出拒付，即视为同意付款。以此联代付款通知。 2. 如需提出全部或部分拒付，应在承付期限内将拒付理由书并附债务证明送银行办理。
付款人开户银行收到日期 　年　月　日	付款人开户银行签章 　年　月　日	

（右侧竖排文字：此联付款人开户银行给付款人按期付款通知）

2. 12月6日,公司收到上月部分托收款(如表3-35所示),因质量不符合要求,对方要求折让,拒付部分货款。双方协商按10％折让,销售方根据收到的企业进货退出及索取折让证明单(如表3-36所示),开具红字增值税发票(记账联如表3-37所示,其余联次略)。要求：①出纳田小明审核收到的凭证；②制单会计王磊编制记账凭证(记账凭证编号为记字第27号)；③复核会计李政复核。

表 3-35　　　 托收承付　结算　全部　拒绝付款理由书 （代通知 或收账通知） **4**
　　　　　　　委托收款　　　　部分

拒付日期　　2014 年 12 月 3 日

付款人	全称	沈阳机械制造有限公司	**收款人**	全称	江汉轴承股份有限公司
	账号	763454698475		账号	456789123012
	开户行	工行沈阳华祥分理处		开户行	中国农业银行江汉白云支行

托收金额	¥60 840.00	拒付金额	¥6 084.00	部分付款金额	亿 千 百 十 万 千 百 十 元 角 分
					¥ 5 4 7 5 6 0 0

附寄单据	1	部分付款金额（大写）	伍万肆仟柒佰伍拾陆元整

拒付理由：因产品的规格不符合合同的要求
沈阳机械制造有限公司财务专用章（印章）　全李印方（印章）　　中国农业银行江汉白云支行 2014.12.06 业务专用章（印章） 　　　　　　　　付款人签章

（右侧竖排文字：此联作收款单位收账通知或全部拒付通知书）

表 3-36

企业进货退出及索取折让证明单

销 货 单 位	全　　称	江汉轴承股份有限公司			
	税务登记号	330801001234567			

进货退出	货物名称	单价	数量	货款	税额

索取折让	货物名称	货款	税额	要　　求	
				折让金额	折让税额
	33904 轴承	52 000.00	8 840.00	5 200.00	884.00

退货或索取折让理由	质量不符合要求 经办人：李方全 签章单位： 2014 年 12 月 3 日	税务征收机关签章	经办人：关红 2014 年 12 月 3 日

购 货 单 位	全　　称	沈阳机械制造有限公司
	税务登记号	38973278943266

注：本证明单一式三联：第一联，征收机关留存；第二联，交销货单位；第三联，购货单位留存。

第二联：交销货单位

表 3-37

浙 江 增 值 税 专 用 发 票

3300144140

此联不作报销、扣税凭证使用

№00660512

开票日期：2014 年 12 月 6 日

税总函[2014]102 号　江南票务印制业公司

购买方	名　　称：沈阳机械制造有限公司 纳税人识别号：38973278943266 地址、电话：沈阳市新华路 13 号 0479-2656668 开户行及账号：工行沈阳华祥分理处 763454698475	密码区	（略）

货物或应税劳务、服务名称	规格型号	单位	数量	单价	金额	税率	税额
轴承折让款	33904				−5 200.00	17%	−884.00
合　计					￥−5 200.00		￥−884.00

价税合计（大写）	（负数）⊗陆仟零捌拾肆元整	（小写）￥−6 084.00

销售方	名　　称：江汉轴承股份有限公司 纳税人识别号：330801001234567 地址、电话：江汉市汉阳路 128 号 0579-2654328 开户行及账号：农行江汉白云支行 456789123012	备注

收款人：　　复核：李政　　开票人：田小明　　销售方：（章）

第一联：记账联　销售方记账凭证

3. 12 月 13 日，公司收到 6 日销售产品托收款，如表 3-38 所示。要求：①出纳田小明审核收到的托收凭证；②制单会计王磊编制记账凭证（记账凭证编号为记字第 44 号）；③复核会计李政复核。

表 3-38　　　　　(中国农业银行标志) **中国农业银行**　**托收凭证**（汇款依据或收账通知）

4

委托日期 2014 年 12 月 6 日　　付款期限 2014 年 12 月 11 日

业务类型		委托收款（□邮划、□电划）				托收承付（☑邮划、□电划）											
付款人	全称	金马汽配有限公司				收款人	全称	江汉轴承股份有限公司									
	账号	895460000383					账号	456789123012									
	地址	省 南京市县	开户行	工行南京鼓楼支行			地址	浙江省 江汉市县	开户行	农行江汉白云支行							
金额	人民币（大写）	壹拾伍万贰仟壹佰元整				亿	千	百	十	万	千	百	十	元	角	分	
								¥	1	5	2	1	0	0	0	0
款项内容		货款	托收凭证名称	发票		附寄单据张数						3					
商品发运情况		已发运	合同名称号码			0201289											
备注： 验单付款 复核　　记账			上述款项已划回收入你方账户内 收款人开户银行签章 年 月 日			(印章：中国农业银行江汉白云支行 2014.12.13 业务专用章)											

此联付款人开户银行凭以汇款或收款人开户银行作收账通知

4. 12 月 7 日，公司从广东华美有限责任公司购入 C 材料 100 桶，每桶单价 230 元，增值税税率 17%，双方签订购销合同，协商采用托收承付验单付款方式结算货款，12 月 10 日，出纳收到银行转来的付款通知（如表 3-39 所示）、购货发票及运费单（运输费 2 000 元，装卸费 100 元，共计 2 100 元）略。要求：①假设付款方承付货款，出纳田小明办理付款；②制单会计王磊编制记账凭证（记账凭证编号为记字第 49 号）；③复核会计李政复核。

表 3-39

🏦 中国农业银行 托收凭证（付款通知）

5

委托日期 2014 年 12 月 7 日　　付款期限 2014 年 12 月 13 日

业务类型	委托收款(□邮划、□电划)			托收承付(□邮划、☑电划)											
付款人	全称	江汉轴承股份有限公司		收款人	全称	广东华美有限责任公司									
	账号	456789123012			账号	895477733383									
	地址	浙江省 江汉市县	开户行 农行江汉白云支行		地址	广东省 中山市县	开户行 工行中山大洋支行								
金额	人民币(大写)	贰万玖仟零壹拾元整		亿	千	百	十	万	千	百	十	元	角	分	
							¥	2	9	0	1	0	0	0	0
款项内容	货款	托收凭证名称	发票、运费单	附寄单据张数		3									
商品发运情况		已发运	合同名称号码	购销合同 012567											

备注： 付款人开户银行收到日期 年 月 日	2014.12.13 业务专用章 付款人开户银行签章 年 月 日	付款人注意： 1. 根据《支付结算办法》规定，上列托收款项，在付期限内未提出拒付，即视为同意付款。以此联代付款通知。 2. 如需提出全部或部分拒付，应在承付期限内将拒付理由书并附债务证明送银行办理。

此联付款人开户银行给付款人按期付款通知

实训 3.6　银行汇票结算业务处理实训

一、实训目标

1. 熟悉银行汇票结算的使用条件。
2. 理解银行汇票结算的处理流程。
3. 熟练填制银行结算业务申请书办理银行汇票。
4. 正确审核收到的银行汇票，并办理进账。
5. 掌握银行汇票结算业务的账务处理。

二、实训准备

准备空白银行结算业务申请书 1 份，进账单 1 份，本书中已有；记账凭证 3 张，需自己准备。

三、实训资料及要求

接实训 3.5,2014 年 12 月 16 日,江汉轴承股份有限公司发生的与银行汇票结算相关的经济业务如下,请按各题要求进行处理。

1. 12 月 16 日,公司采用普通银行汇票结算方式支付前欠南京钢构有限责任公司的购料款 365 000 元(现金管理收费凭证如表 3-40 所示)。南京钢构有限责任公司地址:南京市胜利路 12 号;开户银行:农行南京胜利支行;行号:7865;账号:456888823012。
要求:①出纳田小明填写银行结算业务申请书办理银行汇票(空白银行结算业务申请书如表 3-41~表 3-43 所示);②制单会计王磊编制记账凭证(记账凭证编号为记字第 53 号);③复核会计李政复核。

表 3-40　　**中国农业银行** 结算业务收费凭证

2014 年 12 月 16 日　序号:4563024

付款人户名	江汉轴承股份有限公司				
付款人账号	456789123012				
业务种类	银行汇票				
收费项目	收费基数	费率	交易量	交易金额	收费金额
手续费			1		1.00
工本费					0.50
金额(大写)	人民币壹元伍角整			(小写)¥1.50	

日期:2014-12-16	日志号:2546	交易码:26541023812	币种:人民币
金额:壹元伍角整	终端号:3214	主管:25	柜员:03

制票:　　　　　复核:

第二联:客户回单

46

表 3-41

中国农业银行 结算业务申请书 浙 C 0128232287

申请日期　　　　　年　月　日

业务类型	□电汇 □信汇 □汇票 □本票 其他_____	汇款方式	□普通　□加急

客户填写	申请人	全　　称		收款人	全　　称	
		账号或地址			账号或地址	
		开户行名称			开户行名称	

金额（大写）人民币

亿	千	百	十	万	千	百	十	元	角	分

上列款项及相关费用请从我账户内支付

支付密码

附加信息及用途：

申请人签章

银行打印

第一联：记账联

会计主管：　　　　　　　　　复核：　　　　　　　　　记账：

表 3-42

中国农业银行 结算业务申请书 浙 C 0128232287

申请日期　　　　　年　月　日

业务类型	□电汇 □信汇 □汇票 □本票 其他_____	汇款方式	□普通　□加急

客户填写	申请人	全　　称		收款人	全　　称	
		账号或地址			账号或地址	
		开户行名称			开户行名称	

金额（大写）人民币

亿	千	百	十	万	千	百	十	元	角	分

转账日期：

　　　　　年　月　日

支付密码

附加信息及用途：

银行打印

第二联：发报或出票依据

会计主管：　　　　　　　　　复核：　　　　　　　　　记账：

表 3-43

中国农业银行 结算业务申请书　　　浙 C 0128232287

申请日期			年　月　日												

客户填写	业务类型		□电汇 □信汇 □汇票 □本票 其他_____		汇款方式	□普通 □加急									
	申请人	全　称		收款人	全　称										
		账号或地址			账号或地址										
		开户行名称			开户行名称										
	金额（大写）人民币					亿	千	百	十	万	千	百	十	元	角	分
	付出行签章：				支付密码										
					附加信息及用途：										
银行打印															

会计主管：　　　　　　　　复核：　　　　　　　　记账：

第三联：回单联

　　2. 12 月 16 日，公司收到银行汇票一张，如表 3-44 所示。要求：①出纳田小明审核收到的银行汇票；②制单会计王磊编制记账凭证（记账凭证编号为记字第 63 号）；③复核会计李政复核。

中国农业银行　　　　　　　　　　10200042

表 3-44

银 行 汇 票（多余款收账通知）4　　20088059

出票日期 （大写）	贰零壹肆年壹拾壹月贰拾陆日		代理付款行：　　行号：								

提示付款期限自出票之日起壹个月

		亿	千	百	十	万	千	百	十	元	角	分
收款人：四平飞达有限责任公司												
出票金额	人民币（大写）贰拾伍万元整						￥250 000.00					
实际结算金额	人民币（大写）贰拾叁万陆仟元整				￥	2	3	6	0	0	0	0	0

申请人：江汉轴承股份有限公司　　账号：4567891230l2

出票行：农行江汉白云支行　行号：5426

备注：　货款

出票行签章 汇票专用章 10542363

2014.12.16 业务专用章

密押：	左列退回多余款金额已收入你账户内。								
多余金额									
亿	千	百	十	万	千	百	十	元	角	分
			￥	1	4	0	0	0	0

年　月　日

此联出票行结清多余款后交申请人

3. 12 月 16 日，公司销售产品一批，开具增值税发票（发票联如表 3-45 所示，其余联次略），收到银行汇票（如表 3-46 和表 3-47 所示）。要求：①出纳田小明审核收到的银行汇票，填写进账单（空白进账单如表 3-48～表 3-50 所示），办理进账；②制单会计编制记账凭证（记账凭证编号为记字第 67 号）；③复核会计李政复核。

表 3-45 **浙江增值税专用发票**

3300144140　　　　　此联不作报销、扣税凭证使用　　　　　No00660513

开票日期：2014 年 12 月 6 日

购买方	名　　　称：郴州机械有限责任公司 纳税人识别号：89073278943266 地　址、电话：郴州市向阳路 13 号 0879-2656668 开户行及账号：工行郴州城东支行 895477777783	密码区	（略）

货物或应税劳务、服务名称	规格型号	单位	数量	单价	金额	税率	税额
轴承	33907	套	120	400.00	48 000.00	17％	8 160.00
合计					￥48 000.00		￥8 160.00

价税合计（大写）	⊗伍万陆仟壹佰陆拾元整	（小写）￥56 160.00

销售方	名　　　称：江汉轴承股份有限公司 纳税人识别号：330801001234567 地　址、电话：江汉市汉阳路 128 号 0579-2654328 开户行及账号：农行江汉白云支行 456789123012	备注	江汉轴承股份有限公司 330801001234567 发票专用章

收款人：田小明　　复核：李政　　开票人：田小明　销售方：（章）

第一联：记账联　销售方记账凭证

税总函[2014]102 号　江南票务印制业公司

表 3-46（正面）　　**中国工商银行**　　10200042

银 行 汇 票　　**2**　　20089021

出票日期（大写）	贰零壹肆年壹拾贰月零捌日	代理付款行：	行号：

收款人：江汉轴承股份有限公司

出票金额	人民币（大写）	陆万元整	￥600 000.00

实际结算金额	人民币（大写）	亿	千	百	十	万	千	百	十	元	角	分

申请人：郴州机械有限责任公司　　账号：895477777783

出票行：工行郴州城东支行　行号：3256

备注：　购货款

凭票付款

出票行签章　　汇票专用章　10882363

密押：										科目（借）_____
多余金额										对方科目（贷）_____

亿	千	百	十	万	千	百	十	元	角	分	兑付日期 年 月 日
											复核　　记账

提示付款期限自出票之日起壹个月

此联代理付款行付款后作联行往账借方凭证附件

· 49 ·

表 3-46（背面）

被背书人		被背书人	
	背书人签章 年　月　日		背书人签章 年　月　日

粘贴单处

持票人向银行
提示付款签章：

身份证件名称：　　　　　　　　发证机关：

号码 | | | | | | | | | | | | | | | | |

表 3-47

中国工商银行

银 行 汇 票 （解讫通知） 3

10200042
20089021

| 出票日期
（大写） | 贰零壹肆年壹拾贰月零捌日 | | | 代理付款行： | 行号： | |

| 收款人： | 江汉轴承股份有限公司 |
| 出票金额 | 人民币
（大写） | 陆万元整 | ￥600 000.00 |

| 实际结算金额 | 人民币
（大写） | | 亿 | 千 | 百 | 十 | 万 | 千 | 百 | 十 | 元 | 角 | 分 |

申请人： 郴州机械有限责任公司　　账号： 895477777783

出票行： 工行郴州城东支行 行号：3256

备注： 购货款

代理付款行签章

密押：												科目（借）_____
多余金额												对方科目（贷）____
亿	千	百	十	万	千	百	十	元	角	分	兑付日期 年 月 日

复核：　　　　　经办：　　　　　　　　　　　　　复核　　记账

表 3-48

中国农业银行 **进账单** （回单） **1**

年 月 日

出票人	全　称		收款人	全　称										
	账　号			账　号										
	开户银行			开户银行										
金额	人民币（大写）				亿	千	百	十	万	千	百	十	元	角	分
票据种类		票据张数													
票据号码															

复核：　　　　　记账：　　　　　　　　　　　　开户银行签章

表 3-49

中国农业银行**进账单**（贷方凭证）　**2**

年　月　日

出票人	全　称		收款人	全　称											
	账　号			账　号											
	开户银行			开户银行											
金额	人民币（大写）				亿	千	百	十	万	千	百	十	元	角	分
票据种类		票据张数													
票据号码															
备注：															

复核：　　　　　　记账：

此联由收款人开户银行作贷方凭证

表 3-50

中国农业银行**进账单**（收账通知）　**3**

年　月　日

出票人	全　称		收款人	全　称											
	账　号			账　号											
	开户银行			开户银行											
金额	人民币（大写）				亿	千	百	十	万	千	百	十	元	角	分
票据种类		票据张数													
票据号码															

复核：　　　　记账：　　　　　　收款人开户银行签章

此联是收款人开户银行给收款人的收账通知

实训 3.7　商业汇票结算业务处理实训

一、实训目标

1. 熟悉商业汇票结算使用条件。
2. 熟悉商业汇票的办理程序，能办理商业汇票。
3. 理解商业汇票结算的处理流程。
4. 熟悉商业汇票贴现程序。
5. 正确填写贴现凭证、办理贴现。
6. 掌握商业汇票结算有关账务处理。

二、实训准备

准备空白银行结算收费凭证 1 份、银行承兑协议书 1 份、贴现凭证 1 份,本书中已有;记账凭证 4 张,需自己准备。

三、实训资料及要求

接实训 3.6,2014 年 12 月 18 日,江汉轴承股份有限公司发生的与商业汇票结算相关的经济业务如下,请按各题要求进行处理。

1. 12 月 18 日,公司销售给杭州振华机械有限公司轴承一批,开出增值税专用发票(记账联如表 3-51 所示,其余联略),商品自提,交易合同号码为 201299,双方约定采用商业承兑汇票结算,期限为 6 个月,由付款方签发,当日收到杭州振华机械有限公司交来的商业承兑汇票一份(如表 3-52 所示)。要求:①出纳田小明审核收到的商业承兑汇票,办理结算业务;②制单会计王磊编制记账凭证(记账凭证编号为记字第 78 号);③复核会计李政复核。

表 3-51
3300144140

浙 江 增 值 税 专 用 发 票
此联不作报销、扣税凭证使用

No00660512

开票日期:2014 年 12 月 18 日

税总函[2014]102 号 江南票务印制业公司

第一联:记账联 销售方记账凭证

购买方	名 称:杭州振华机械有限公司 纳税人识别号:330801066664567 地 址、电话:杭州市西湖路 13 号 0571-2656668 开户行及账号:工行杭州义一支行 895477733353					密码区	(略)		
货物或应税劳务、服务名称	规格型号	单位	数量	单价		金额	税率		税额
轴承	33907	套	180	400.00		72 000.00	17%		12 240.00
合计						¥72 000.00			¥12 240.00
价税合计(大写)	⊗捌万肆仟贰佰肆拾元整					(小写)¥84 240.00			
销售方	名 称:江汉轴承股份有限公司 纳税人识别号:330801001234567 地 址、电话:江汉市汉阳路 128 号 0579-2654328 开户行及账号:农行江汉白云支行 456789123012					备注	330801001234567 发票专用章		

收款人:田小明　　复核:李政　　开票人:田小明　　销售方:(章)

表 3-52（正面）

商 业 承 兑 汇 票 2

出票日期 贰零壹肆年壹拾贰月壹拾捌日

（大写）

00100062

20147351

付款人	全　称	杭州振华机械有限公司	收款人	全　称	江汉轴承股份有限公司
	账　号	895477733353		账　号	456789123012
	开户银行	工行杭州文一支行		开户银行	农行江汉白云支行

出 票 金 额	人民币 （大写）	捌万肆仟贰佰肆拾元整	亿	千	百	十	万	千	百	十	元	角	分
						¥	8	4	2	4	0	0	0

汇票到期日（大写）	贰零壹伍年陆月壹拾捌日	付款人开户行	行号	3324
交易合同号码	201299		地址	杭州市西湖路 13 号

本汇票已经承兑，到期无条件付票款。

杭州振华机械有限公司财务专用章

华赵印振

承兑人签章

承兑日期：2014 年 12 月 18 日

本汇票请予以承兑于到期日付款。

杭州振华机械有限公司财务专用章

华赵印振

出票人签章

此联持票人开户行随托收凭证寄付款人开户行作借方凭证附件

2. 12 月 18 日，公司购买生产用车床，收到发票（发票联如表 3-53 所示，抵扣联略），已验收，固定资产验收单（略），双方约定采用银行承兑汇票结算，期限为 3 个月。要求：

表 3-53

上 海 增 值 税 专 用 发 票

3100144140

发票联

国家税务总局监制

No00947588

开票日期：2014 年 12 月 17 日

购买方	名　称：江汉轴承股份有限公司 纳税人识别号：330801001234567 地址、电话：江汉市汉阳路 128 号 0579-2654328 开户行及账号：农行江汉白云支行 456789123012	密码区	（略）

货物或应税劳务、服务名称	规格型号	单位	数量	单价	金额	税率	税额
车床	X-657	台	10	9 000.00	90 000.00	17%	15 300.00
合计					¥90 000.00		¥15 300.00

价税合计（大写）	⊗壹拾万零伍仟叁佰元整	（小写）¥105 300.00

销售方	名　称：上海昌源机床有限公司 纳税人识别号：31062132100078 地址、电话：上海市南京路 218 号 021-22653879 开户行及账号：民生上海浦东支行 112202116354	备注	上海昌源机床有限公司 31062132100078 发票专用

收款人：　　　　复核：李红　　　　开票人：王平　　　　销售方：（章）

第三联：发票联　购买方记账凭证

税总函 [2014]102 号　临海华森实业公司

表 3-52（背面）

被背书人	被背书人
背书人签章 年　月　日	背书人签章 年　月　日

（粘贴单处）

①出纳田小明填写银行承兑协议(空白协议如表 3-54 所示)和银行手续费凭证(如表 3-55
和表 3-56 所示),办理银行承兑汇票;②制单会计王磊编制记账凭证(记账凭证编号为记
字第 82 号);③复核会计李政复核。

表 3-54　　　　　　　　　　　银行承兑协议(其余联略)

银行承兑协议 1

协议编号:

银行承兑汇票的内容:

收款人全称:　　　　　　　　　　付款人全称:

开户银行:　　　　　　　　　　　开户银行:

账号:　　　　　　　　　　　　　账号:

汇票号码:　　　　　　　　　　　汇票金额(大写):

签发日期:　　　年 月 日　　　　到期日期:　　　年 月 日

以上汇票经承兑银行承兑,承兑申请人(下称申请人)愿遵守《支付结算办法》的规定及下列条款:

第一条　申请人于汇票到期日前将应付票款足额交存承兑银行。

第二条　承兑手续按票面 0.05% 计算,在银行承兑时一次付清款。

第三条　承兑票据如发生任何交易纠纷,均由收付双方自行处理,票款于到期日前仍按第一条
办理不误。

第四条　承兑汇票到期日,承兑银行凭票无条件支付票款。如到期日之前申请人不能足额交付
票款时,承兑银行对不足支付部分的票款转作承兑申请人逾期贷款,并按照有关规定计收罚息。

第五条　承兑汇票款付清后,本协议自动失效。

本协议第一、二联分别由承兑银行信贷部门和承兑申请人存执,协议副本由银行会计部门存查。

承兑银行:_____ (盖章)　承兑申请人:_____ (盖章)

订立承兑协议日期:　　　年 月 日

注:本协议共印三联。在"银行承兑协议"之后,第二联加印"2",第三联加印"副本"字样。25 厘米×18 厘米(白
纸黑油墨)

表 3-55　　　　　**中国农业银行**　结算业务收费凭证

年 月 日 序号:4563179

付款人户名					
付款人账号					
业务种类					
收费项目	收费基数	费率	交易量	交易金额	收费金额
手续费					
工本费					
金额(大写)				(小写)¥	

日期:　　　　　　日志号:　　　　　交易码:　　　　　　币种:

金额:　　　　　　终端号:　　　　　主管:　　　　　　　柜员:

第一联:银行记账凭证

制票:　　　　　　复核:

表 3-56

中国农业银行 结算业务收费凭证

年　月　日　序号：4563179

付款人户名					
付款人账号					
业务种类					
收费项目	收费基数	费率	交易量	交易金额	收费金额
手续费					
工本费					
金额（大写）				（小写）¥	

日期：	日志号：	交易码：	币种：
金额：	终端号：	主管：	柜员：

制票：　　　　　　　复核：

第二联：客户回单

附：办好的银行承兑汇票复印件如表 3-57 所示，原件给销货方。

表 3-57（正面）　　　　　**银行承兑汇票　2**

出票日期 贰零壹肆年壹拾贰月壹拾捌日　　　　　10200052
　　　　（大写）　　　　　　　　　　　　　　21175553

出票人全称	江汉轴承股份有限公司	收款人	全　称	上海昌源机床有限公司
出票人账号	456789123012		账　号	112202116354
付款行全称	农行江汉白云支行		开户银行	民生上海浦东支行

汇票金额	人民币（大写）壹拾万零伍仟叁佰元整	亿 千 百 十 万 千 百 十 元 角 分
		¥ 1 0 5 3 0 0 0 0

汇票到期日（大写）	贰零壹伍年叁月壹拾捌日	付款行	行号	5426
承兑协议编号	210089		地址	江汉市滨江路 236 号

本汇票请你行承兑，到期无条件支付。 江汉轴承股份有限公司财务专用章　福张印进 　　　　　　签章 　　年　月　日	本汇票已经承兑，到期日由本行付款 承兑行签章 承兑日期　年　月　日 密押　汇票专用章 2014.12.18	密押 复核　丽赵记账

此联承兑行留存备查，到期支付票款时作借方凭证附件

3. 12 月 18 日，公司收到银行转来的托收凭证第五联付款通知（如表 3-58 所示）。要求：①出纳田小明审核收到的付款凭证，登记应付票据备查簿（略）；②制单会计王磊编制记账凭证（记账凭证编号为记字第 86 号）；③复核会计李政复核。

表 3-57（背面）

被背书人	被背书人
背书人签章 年　月　日	背书人签章 年　月　日

粘贴单处

表 3-58

中国农业银行 **托收凭证**(付款通知)

5

委托日期 2014 年 12 月 13 日　　付款期限 2014 年 12 月 17 日

业务类型	委托收款(□邮划、☑电划)		托收承付(□邮划、□电划)			
付款人	全称	江汉轴承股份有限公司	收款人	全称	杭州华丰有限公司	
	账号	456789123012		账号	890211635411	
	地址 浙江省	江汉市县　开户行　农行江汉白云支行		地址 浙江省	杭州市县　开户行　工行杭州西湖支行	

金额	人民币(大写)	柒万玖仟零壹拾元整	亿	千	百	十	万	千	百	十	元	角	分
						¥	7	9	0	1	0	0	0

款项内容	货款	托收凭证名称	商业承兑汇票	附寄单据张数	1
商品发运情况		合同名称号码			
备注：			付款人注意： 1. 根据《支付结算办法》规定，上列托收款项，在付款期限内未提出拒付，即视为同意付款。以此联代付款通知。 2. 如需提出全部或部分拒付，应在承付期限内将拒付理由书并附债务证明送银行办理。		
付款人开户银行收到日期 年 月 日		付款人开户银行签章 年 月 日			

（盖章：中国农业银行江汉白云支行 业务专用章 2014.12.18）

此联付款人开户银行给付款人按期付款通知

4. 12 月 18 日，公司将持有的一张银行承兑汇票（如表 3-59 所示）办理贴现，年贴现率 6％。要求：①出纳田小明填写贴现凭证办理贴现（空白贴现凭证如表 3-60～表 3-64 所示），登记应收票据备查簿（略）；②制单会计王磊编制记账凭证（记账凭证编号为记字第 90 号）；③复核会计李政复核。

表 3-59（正面）　　**银行承兑汇票** **2**

出票日期 贰零壹肆年 玖月零贰日　　　　10200052
（大写）　　　　　　　　　　　　　　　33375553

出票人全称	福建集镇商贸有限公司	收款人	全称	江汉轴承股份有限公司	
出票人账号	658888116354		账号	456789123012	
付款行全称	中国工商银行福州城南支行		开户银行	中国农业银行江汉白云支行	

汇票金额	人民币(大写)	柒拾万元整	亿	千	百	十	万	千	百	十	元	角	分
					¥	7	0	0	0	0	0	0	0

汇票到期日(大写)	贰零壹伍年零贰月零贰日	付款行	行号	1236
承兑协议编号	540089		地址	福州市建东路 136 号

本汇票请你行承兑，到期无条件支付。	本汇票已经承兑，到期由本行付款。 承兑行签章 承兑日期 年 月 日 密押	密押
（福建集镇商贸有限公司财务专用章）（彩王印珍） 签章 年 月 日	（汇票专用章 2014.09.02）	（复核 刘印利） 记账

此联承兑行留存备查，到期支付票款时作借方凭证附件

56

表 3-59(背面)

被背书人	被背书人
背书人签章 年　月　日	背书人签章 年　月　日

粘贴单处

表 3-60

贴 现 凭 证（代申请书）　1

申请日期　　年 月 日　　　　　　　　　　　第 2342220 号

申请人	名　称		贴现汇票	种　类		号码		
	账　号			出票日				
	开户银行			到期日				
汇票承兑人（或银行）	名称		账号			开户银行		

		亿	千	百	十	万	千	百	十	元	角	分
汇票金额（即贴现金额）	人民币（大写）											

贴现率		贴现利息		实付贴现金额	亿	千	百	十	万	千	百	十	元	角	分

汇票申请贴现，请审核。

银行审批			科目（借）：
			对方科目（贷）：
持票人签章	负责人　　信贷员		复核：　　记账：

此联银行贴现作借方凭证

表 3-61

贴 现 凭 证（贷方凭证）　2

申请日期　　年 月 日　　　　　　　　　　　第 2342220 号

申请人	名　称		贴现汇票	种　类		号码		
	账　号			出票日				
	开户银行			到期日				
汇票承兑人（或银行）	名称		账号			开户银行		

		亿	千	百	十	万	千	百	十	元	角	分
汇票金额（即贴现金额）	人民币（大写）											

贴现率		贴现利息		实付贴现金额	亿	千	百	十	万	千	百	十	元	角	分

备注：		科目（借）：
		对方科目（贷）：
		复核：　　记账：

此联银行作持票人账户贷方凭证

表 3-62

贴 现 凭 证（贷方凭证） 3

申请日期　年 月 日　　　　　　　　　　　　　　第 2342220 号

申请人	名　称		贴现汇票	种　类					号　码					
	账　号			出票日										
	开户银行			到期日										
汇票承兑人（或银行）	名称		账号						开户银行					
汇票金额（即贴现金额）	人民币（大写）					亿	千	百	十	万	千	百	十	元	角	分
贴现率		贴现利息		实付贴现金额		亿	千	百	十	万	千	百	十	元	角	分
备注：				科目（借）： 对方科目（贷）： 复核：　　　记账：										

此联银行作贴现利息贷方凭证

表 3-63

贴 现 凭 证（收账通知） 4

申请日期　年 月 日　　　　　　　　　　　　　　第 2342220 号

申请人	名　称		贴现汇票	种　类					号　码					
	账　号			出票日										
	开户银行			到期日										
汇票承兑人（或银行）	名称		账号						开户银行					
汇票金额（即贴现金额）	人民币（大写）					亿	千	百	十	万	千	百	十	元	角	分
贴现率		贴现利息		实付贴现金额		亿	千	百	十	万	千	百	十	元	角	分
上述款项已划入你单位账户。 　　此致 　　　　银行盖章 　　　年 月 日			备注：											

此联银行给贴现申请人的收账通知

58

表 3-64

贴 现 凭 证（到期卡） 5

申请日期 年 月 日 第 2342220 号

申请人	名　称		贴现汇票	种　类		号码		此联会计部门按到期日排列保管，到期日作贴现贷方凭证
	账　号			出票日				
	开户银行			到期日				

汇票承兑人（或银行）	名称		账号		开户银行	

汇票金额（即贴现金额）	人 民 币（大写）	亿	千	百	十	万	千	百	十	元	角	分

贴现率		贴现利息		实付贴现金额	亿	千	百	十	万	千	百	十	元	角	分

备注：	科目（借）： 对方科目（贷）： 复核：　　　记账：

实训 3.8 委托收款结算业务处理实训

一、实训目标

1. 熟悉委托收款结算使用条件。
2. 理解委托收款结算的处理流程。
3. 熟练填制托收凭证办理托收。
4. 正确审核收到的收、付款凭证。
5. 掌握委托收款结算业务的账务处理。

二、实训准备

准备空白托收凭证 1 份（资料中已有）；记账凭证 3 张，需自己准备。

三、实训资料及要求

接实训 3.7，2014 年 12 月 19 日、23 日江汉轴承股份有限公司发生的与委托收款结算相关的经济业务如下，请按各题要求进行处理。

1. 12 月 19 日,公司将 9 月 19 日收到的江汉机电设备有限公司的商业承兑汇票(如表 3-65 所示)办理托收,选择委托收款邮划方式托收。要求:出纳田小明填制托收凭证(空白托收凭证如表 3-66~表 3-70 所示),办理托收。

表 3-65(正面)

商 业 承 兑 汇 票 2

出票日期 贰零壹肆年玖月壹拾玖日　　　　　　　　　　00100062
（大写）　　　　　　　　　　　　　　　　　　　　　　20147351

付款人	全　称	江汉机电设备有限公司	收款人	全　称	江汉轴承股份有限公司
	账　号	895465033383		账　号	456789123012
	开户银行	中国工商银行江汉中山支行		开户银行	中国农业银行江汉白云支行

出 票 金 额	人民币 （大写）	玖万叁仟陆佰元整	亿 千 百 十 万 千 百 十 元 角 分 　　　　　¥ 9 3 6 0 0 0 0

汇票到期日(大写)	贰零壹肆年壹拾贰月壹拾玖日	付款人 开户行	行号	3366
交易合同号码	209999		地址	江汉市汉阳路 13 号

本汇票已经承兑,到期无条件付票款。	本汇票请予以承兑于到期日付款。
江汉机电设备有限公司财务专用章　　东张印海 承兑人签章 承兑日期:2014 年 9 月 19 日	江汉机电设备有限公司财务专用章　　东张印海 出票人签章

此联持票人开户行随托收凭证寄付款人开户行作借方凭证附件

表 3-66　　　　中国农业银行　　托收凭证(受理回单)

1

委托日期　　年　月　日

业务类型	委托收款(□邮划、□电划)		托收承付(□邮划、□电划)		
付款人	全称		收款人	全称	
	账号			账号	
	地址	省　　市县　开户行		地址	省　　市县　开户行

金额	人民币 （大写）		亿 千 百 十 万 千 百 十 元 角 分

款项内容		托收凭证名称		附寄单据张数	
商品发运情况		合同名称号码			
备注:		款项收妥日期			
复核　　　　记账		年　月　日	收款人开户银行签章 年　月　日		

此联是收款人开户银行给收款人的受理回单

60

表 3-65（背面）

被背书人	被背书人
背书人签章 年　月　日	背书人签章 年　月　日

粘贴单处

表 3-67　　　　　　⊕ 中国农业银行　**托收凭证**（贷方凭证）

2

委托日期　　年　月　日

业务类型		委托收款（□邮划、□电划）				托收承付（□邮划、□电划）				
付款人	全称				收款人	全称				
	账号					账号				
	地址	省 市县	开户行			地址	省 市县	开户行		

金额	人民币 （大写）		亿	千	百	十	万	千	百	十	元	角	分

款项内容		托收凭证名称		附寄单据张数	
商品发运情况			合同名称号码		

备注： 收款人开户银行收到日期 　　　　年　月　日	上列款项随附有关债务 证明，请予办理。 　　　　收款人签章　　　复核　　　记账

此联是收款人开户银行作贷方凭证

表 3-68　　　　　　⊕ 中国农业银行　**托收凭证**（借方凭证）

3

委托日期　　年　月　日　｜付款期限　　年　月　日

业务类型		委托收款（□邮划、□电划）				托收承付（□邮划、□电划）				
付款人	全称				收款人	全称				
	账号					账号				
	地址	省 市县	开户行			地址	省 市县	开户行		

金额	人民币 （大写）		亿	千	百	十	万	千	百	十	元	角	分

款项内容		托收凭证名称		附寄单据张数	
商品发运情况			合同名称号码		

备注： 付款人开户银行收到日期 　　　　年　月　日	收款人开户银行签章 　　　　年　月　日	复核　　　记账

此联付款人开户银行作借方凭证

61

表 3-69　　　　　🌀 中国农业银行　**托收凭证**（汇款依据或收账通知）

4

委托日期　年　月　日　　　付款期限　年　月　日

业务类型	委托收款（□邮划、□电划）		托收承付（□邮划、□电划）		
付款人	全称		收款人	全称	
	账号			账号	
	地址　省　市县　开户行			地址　省　市县　开户行	

金额	人民币（大写）	亿 千 百 十 万 千 百 十 元 角 分

款项内容		托收凭证名称		附寄单据张数	
商品发运情况			合同名称号码		

备注：	上述款项已划回收入你方账户内。 　　　　收款人开户银行签章 　　　　　　年　月　日
复核　　记账	

此联付款人开户银行凭以汇款或收款人开户银行作收账通知

表 3-70　　　　🌀 中国农业银行　**托收凭证**（付款通知）

5

委托日期　年　月　日　　　付款期限　年　月　日

业务类型	委托收款（□邮划、□电划）		托收承付（□邮划、□电划）		
付款人	全称		收款人	全称	
	账号			账号	
	地址　省　市县　开户行			地址　省　市县　开户行	

金额	人民币（大写）	亿 千 百 十 万 千 百 十 元 角 分

款项内容		托收凭证名称		附寄单据张数	
商品发运情况			合同名称号码		

备注：		付款人注意：
付款人开户银行收到日期 　　　年　月　日	付款人开户银行签章 　　　年　月　日	1. 根据《支付结算办法》规定，上列托收款项，在付期限内未提出拒付，即视为同意付款。以此联代付款通知。 2. 如需提出全部或部分拒付，应在承付期限内将拒付理由书并附债务证明送银行办理。

此联付款人开户银行给付款人按期付款通知

62

2. 12 月 19 日,出纳收到银行转来的付款通知(如表 3-71 所示),系江汉轴承股份有限公司 15 日从湖南昌隆有限公司购入 D 材料 2 000 千克,每千克单价 30 元,增值税税率 17%,购货发票及运费单(运输费 3 000 元,装卸费 100 元,共计 3100 元)略。要求:①出纳田小明审核收到的托收凭证,办理付款;②制单会计王磊编制记账凭证(记账凭证编号为记字第 98 号);③复核会计李政复核。

表 3-71　　　　⊗ 中国农业银行　**托收凭证**(付款通知)

5

委托日期 2014 年 12 月 15 日　｜付款期限 2014 年 12 月 22 日｜

业务类型		委托收款(□邮划、☑电划)			托收承付(□邮划、□电划)											
付款人	全称	江汉轴承股份有限公司			收款人	全称	湖南昌隆有限公司								
	账号	456789123012				账号	456755553012								
	地址	浙江省	江汉市县	开户行	农行江汉白云支行		地址	湖南省	德阳市县	开户行	农行德阳联纺支行				
金额	人民币(大写)	柒万叁仟叁佰元整			亿	千	百	十	万	千	百	十	元	角	分
							¥	7	3	3	0	0	0	0
款项内容		货款	托收凭证名称	发票		附寄单据张数			3						
商品发运情况		已发运		合同名称号码											

备注:

付款人开户银行收到日期　　年　月　日

付款人开户银行签章　　年　月　日

2014.12.19

付款人注意:
1. 根据《支付结算办法》规定,上列托收款项,在付款期限内未提出拒付,即视为同意付款。以此联代付款通知。
2. 如需提出全部或部分拒付,应在承付期限内将拒付理由书并附债务证明送银行办理。

此联付款人开户银行给付款人按期付款通知

3. 12 月 23 日,公司收到托收的商业承兑汇票款(如表 3-72 所示)。要求:①出纳田小明审核收到的托收凭证;②制单会计王磊编制记账凭证(记账凭证编号为记字第 103 号);③复核会计李政复核。

表 3-72　　　　⊗ 中国农业银行　**托收凭证**(汇款依据或收账通知)

4

委托日期 2014 年 12 月 19 日　｜付款期限 2014 年 12 月 22 日｜

业务类型		委托收款(☑邮划、□电划)			托收承付(□邮划、□电划)											
付款人	全称	江汉机电设备有限公司			收款人	全称	江汉轴承股份有限公司								
	账号	895465033383				账号	456789123012								
	地址	浙江省	江汉市县	开户行	工行江汉中山支行		地址	浙江省	江汉市县	开户行	农行江汉白云支行				
金额	人民币(大写)	玖万叁仟陆佰元整			亿	千	百	十	万	千	百	十	元	角	分
							¥	9	3	6	0	0	0	0
款项内容		货款	托收凭证名称	商业承兑汇票		附寄单据张数			1						
商品发运情况				合同名称号码											

备注:

上述款项已划回收入你方账户内。

收款人开户银行签章　　年　月　日

复核　　记账

此联付款人开户银行凭以汇款或收款人开户银行作收账通知

63

实训 3.9 网络银行结算业务处理实训

一、实训目标

1. 熟悉网络银行办理条件。
2. 理解网络银行结算的处理流程。
3. 熟练办理网络银行付款。
4. 正确审核收到的收、付款凭证。
5. 熟练查询网络银行收付款明细。
6. 掌握网络银行结算业务的账务处理。

二、实训准备

记账凭证 3 张,需自己准备。

三、实训资料及要求

接实训 3.8,2014 年 12 月 29 日,江汉轴承股份有限公司发生的与网络银行结算相关的经济业务如下,请按各题要求进行处理。

1. 12 月 29 日,公司购买 C 材料一批,发票如表 3-73 和表 3-74 所示,运费由销货方负担,通过网上银行支付货款,付款凭证如表 3-75 所示。要求:①出纳田小明审核收到的发票,通过网上银行办理付款;②制单会计王磊编制记账凭证(记账凭证编号为记字第113 号);③复核会计李政复核。

表 3-73
3300144140

浙 江 增 值 税 专 用 发 票

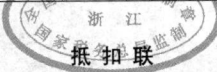

抵 扣 联

No00668506

开票日期：2014 年 12 月 29 日

税总函[2014]102 号　江南票务印刷业公司

第二联：抵扣联　购买方扣税凭证

购买方	名　　　称：江汉轴承股份有限公司 纳税人识别号：330801001234567 地址 、电话：江汉市汉阳路 128 号 0579-2654328 开户行及账号：农行江汉白云支行 456789123012	密码区	（略）

货物或应税劳务、服务名称	规格型号	单位	数量	单价	金额	税率	税额
C 材料		千克	40 000	20.00	800 000.00	17％	136 000.00
合计					￥800 000.00		￥136 000.00

价税合计（大写）	⊗玖拾叁万陆仟元整	（小写）￥936 000.00

销售方	名　　　称：江汉庆龙有限责任公司 纳税人识别号：330801001234168 地址 、电话：江汉市解放街 166 号 0579-2232899 开户行及账号：工行江汉丽阳支行 895465006883	备注	

江汉庆龙有限责任公司
330801001234168
发票专用章

收款人：李军　　　复核：王田　　　开票人：刘敏　　　销售方：（章）

表 3-74
3300144140

浙 江 增 值 税 专 用 发 票

发 票 联

No00668506

开票日期：2014 年 12 月 29 日

税总函[2014]102 号　江南票务印刷业公司

第三联：发票联　购买方记账凭证

购买方	名　　　称：江汉轴承股份有限公司 纳税人识别号：330801001234567 地址 、电话：江汉市汉阳路 128 号 0579-2654328 开户行及账号：农行江汉白云支行 456789123012	密码区	（略）

货物或应税劳务、服务名称	规格型号	单位	数量	单价	金额	税率	税额
C 材料		千克	40 000	20.00	800 000.00	17％	136 000.00
合计					￥800 000.00		￥136 000.00

价税合计（大写）	⊗玖拾叁万陆仟元整	（小写）￥936 000.00

销售方	名　　　称：江汉庆龙有限责任公司 纳税人识别号：330801001234168 地址 、电话：江汉市解放街 166 号 0579-2232899 开户行及账号：工行江汉丽阳支行 895465006883	备注	

江汉庆龙有限责任公司
330801001234168
发票专用章

收款人：李军　　　复核：王田　　　开票人：刘敏　　　销售方：（章）

表 3-75

网银国内跨行大额汇款凭证

网银业务编号： 56000056432	大额业务编号：CB123464646	业务类型：C001
发起行行号：5426　　汇款人开户行行号：5426		汇出行委托日期：2014/12/29
汇款人开户行名称：中国农业银行江汉白云支行		
汇款人账号：456789123012		
汇款人名称：江汉轴承股份有限公司		
汇款人地址：江汉市汉阳路 128 号		
接收行行号：6545　　收款人开户行行号：6545		汇出行经办日期：2014/12/29
收款人开户行名称：中国工商银行江汉丽阳支行		
收款人账号：895465006883		
收款人名称：江汉庆龙有限责任公司		
收款人地址：江汉市解放街 166 号		
汇款币种、金额：CNY936 000.00		
手续费币种、金额：CNY0.50		
电子汇划费币种、金额：CNY15.00		
附言：货款		
此联为客户回单		银行盖章

2. 12 月 29 日,公司通过网上银行收到杭州市机电设备公司归还的前欠货款,收款凭证如表 3-76 所示。要求：①出纳田小明审核收到的表 3-76；②制单会计王磊编制记账凭证（记账凭证编号为记字第 118 号）；③复核会计李政复核。

表 3-76

客户贷记通知单

交易日期：2014/12/29　　交易机构：03156　　交易流水号：03625948

收款人名称：江汉轴承股份有限公司

收款人账号：456789123012

收款人开户行：中国农业银行江汉白云支行

付款人名称：杭州市机电设备公司

付款人账号：456789188812

付款人开户行：中国农业银行杭州滨江支行

金额(小写)：CNY331 289.23

金额(大写)：人民币叁拾叁万壹仟贰佰捌拾玖元贰角叁分

客户申请号：01236598

用途：付货款

银行摘要：0BS0012300123001

备注：

此联为客户回单　　　　　　　　　　　　　　　　　　　银行盖章

附加题：请同学们开设个人网银账户。要求：①写出网银开设步骤；②写出查询账户明细、余额的操作步骤；③写出跨行转账付款操作步骤；④写出行内转账付款操作步骤；⑤写出定期转活期操作步骤；⑥写出打印回单的操作步骤。

实训 3.10 银行存款日记账登记实训

一、实训目标

1. 掌握银行存款日记账的登记方法。
2. 熟练登记银行存款日记账并进行对账、结账。

二、实训准备

银行存款日记账账页，本书中已有。另将实训 3.2 至实训 3.9 的记账凭证整理好。

三、实训资料及要求

2014 年 11 月 30 日，江汉轴承股份有限公司银行存款日记账的期末余额为 876 500 元，2014 年 12 月份发生的与银行存款收支有关的业务见实训 3.2 至实训 3.9。要求：①出纳田小明根据上月末余额进行建账（空白银行存款日记账账页如表 3-77～表 3-79 所示）；②出纳田小明登记 12 月份银行存款日记账并进行对账、结账。

说明：银行存款日记账应逐日逐笔登记，本书为了内容安排方便，将一个月与银行存款有关的登账内容作为一个实训。

表 3-77（正面）　　　　　　　　　　银行存款日记账

开户银行：　　　　　　　　　　账号：　　　　　　　　　　第 48 页

年		凭证字号	摘　　要	结算凭证种类号数	借方	贷方	余额
月	日						

表 3-77（背面）

开户银行：　　　　　　　　　　　账号：　　　　　　　　第 49 页

年		凭证字号	摘　　要	结算凭证种类号数	借方	贷方	余额
月	日						

表 3-78（正面） **银行存款日记账**

开户银行： 账号： 第 50 页

年		凭证字号	摘　　要	结算凭证种类号数	借方	贷方	余额
月	日						

表 3-79（正面） **银行存款日记账**

开户银行： 账号： 第 52 页

年		凭证字号	摘　　要	结算凭证种类号数	借方	贷方	余额
月	日						

表 3-78（背面）

开户银行：　　　　　　　　　　　　账号：　　　　　　　　　　　　第 51 页

年		凭证字号	摘　要	结算凭证种类号数	借方	贷方	余额
月	日						

表 3-79（背面）

开户银行：　　　　　　　　　　　　账号：　　　　　　　　　　　　第 53 页

年		凭证字号	摘　要	结算凭证种类号数	借方	贷方	余额
月	日						

出纳报表编制实训

实训 4.1　现金盘点表编制实训

一、实训目标

1. 熟练掌握现金清查业务的处理程序。
2. 能准确盘点现金。
3. 能正确填写现金盘点报告表。

二、实训准备

准备现金盘点报告表、现金日记账账页,本书中已有;记账凭证 2 张,需自己准备。

三、实训资料及要求

2015 年 1 月 31 日 17 时,江汉轴承股份有限公司财务部进行现金盘点,由会计王磊盘点,出纳田小明协助,会计主管张华在场监督。盘点纸币有:100 元 19 张、50 元 10 张、20 元 48 张、10 元 39 张、5 元 32 张、1 元 28 张;硬币有:1 元 16 枚,5 角 12 枚。当日库存现金的账面数为 4 010.00 元。要求:①出纳编制现金盘点报告单(空白现金盘点报告单如表 4-1 和表 4-2 所示);②制单会计编制审批前和审批后的记账凭证(记账凭证编号为记字第 103 号、记字第 104 号);③复核会计复核;④出纳登记现金日记账(日记账账页如表 2-31 所示),并进行结账。

表 4-1   **现金盘点报告单**

单位名称：   年   月   日

现金清点情况			账 目 核 对		处理意见
面值	数量	金额	盘点日账户余额		财务经理意见：
100 元			加：收入未入账		
50 元					
20 元					
10 元			减：付出未入账		
5 元					
1 元					会计主管意见：
5 角			调整后现金余额		
1 角			实点现金		
分币			长款		
合　计			短款		

出纳：   主管：   盘点人：

表 4-2   **现金盘点报告单**

单位名称：   年   月   日

现金清点情况			账 目 核 对		处理意见
面值	数量	金额	盘点日账户余额		财务经理意见： 按财务主管的处理 办理。
100 元			加：收入未入账		
50 元					李强
20 元					2015.1.31
10 元			减：付出未入账		
5 元					会计主管意见： 现金短缺款项系出 纳差错造成，应由其 赔偿。
1 元					
5 角			调整后现金余额		
1 角			实　点　现　金		张华
分币			长 款		2015.1.31
合　计			短　款		

出纳：   主管：   盘点人：

一、实训目标

1. 熟练掌握银行存款日记账与银行对账单的核对技能。
2. 熟练编制银行存款余额调节表。

二、实训准备

准备银行存款余额调节表,本书中已有。

三、实训资料及要求

1. 江南食品有限责任公司 2015 年 1 月份的银行存款日记账账面记录(如表 4-3 所示)、银行对账单(如表 4-4 所示)。要求:①出纳田小君核对银行存款并根据核对结果编制银行存款余额调节表(空白银行存款余额调节表如表 4-5 所示);②复核会计李政复核出纳编制好的银行存款余额调节表。

表 4-3 　　　　　　　　　　　　　　　　银行存款日记账

开户银行　中国农业银行江南丽东支行　　　　　　账　号　456789444412　第 1 页

2015 年		凭证字号	摘　要	结算凭证种类号数	借　方	贷　方	余　额
月	日						
1	1		上年结转				262 800.00
	1	银收 1	收广贸公司货款	转支 2018	117 000.00		379 800.00
	5	银付 1	采购材料	电汇 8907		234 000.00	145 800.00
	10	银收 2	收海洋公司欠款	转支 6433	10 000.00		155 800.00
	12	银付 2	付电视台广告费	转支 2019		20 000.00	135 800.00
	29	银收 3	收天地公司货款	转支 9960	100 000.00		235 800.00
	30	现付 3	存入现金		15 000.00		250 800.00
	31	银付 3	购财务用计算机 1 台	转支 2020		5 800.00	245 000.00
	31	银付 4	申请签发银行汇票	汇票 3688		50 000.00	195 000.00
			本月合计		242 000.00	309 800.00	195 000.00

表 4-4 　　　　　　　　　　**中国农业银行对账单**

单位名称：江南食品有限责任公司　　账 号：456789444412　　　　　打印时间：20150131　10:30

日　期	票据号	摘　要	借方金额	贷方金额	余　额
20150101		期初余额			262 800.00
20150103	转支 2018	转账收入		117 000.00	379 800.00
20150105	电汇 8907	转账支出	234 000.00		145 800.00
20150113	转支 6433	转账收入		10 000.00	155 800.00
20150118	转支 2019	转账支出	20 000.00		135 800.00
20150130		现金存入		15 000.00	150 800.00
20150131	汇票 3688	银行汇票	50 000.00		100 800.00
		本月合计	304 000.00	142 000.00	100 800.00

表 4-5 　　　　　　　　　　**银行存款余额调节表**

编制单位：　　　　　　　　　账号：　　　　　　　　　编制时间：

项　　目	金　额	项　　目	金　额
企业银行存款日记账余额 加：银行已收,企业未收 减：银行已付,企业未付		银行对账单余额 加：企业已收,银行未收 减：企业已付,银行未付	
调节后的余额		调节后的余额	

复核：　　　　　　　　　　　　　　　　　制表人：

2. 东方绿色食品有限责任公司 2014 年 11 月份的银行存款余额调节表(如表 4-6 所示)、2014 年 12 月份的银行对账单(如表 4-7 所示)、银行日记账账面记录(如表 4-8 所示)。

要求：①出纳孟杰核对银行存款并根据核对结果编制银行存款余额调节表(空白银行存款余额调节表如表 4-9 所示)；②复核会计李锦复核出纳编制好的银行存款余额调节表。

表 4-6 　　　　　　　　　　**银行存款余额调节表**

编制单位：东方绿色食品有限责任公司　账号：456789188812　　　　　编制时间：2014 年 11 月 30 日

项　　目	金　额	项　　目	金　额
企业银行存款日记账余额 加：银行已收,企业未收 (1) 11.29 托收货款,托收号 0101 减：银行已付,企业未付	484 574.34 100 000.00	银行对账单余额 加：企业已收,银行未收 减：企业已付,银行未付 (1) 11.28 付购货款,转支号 1235 (2) 11.29 付前欠款,转支号 1240	709 574.34 117 000.00 8 000.00
调节后的余额	584 574.34	调节后的余额	584 574.34

复核：李锦　　　　　　　　　　　　　制表人：孟杰

表 4-7（正面） **中国农业银行对账单**

单位名称：东方绿色食品有限责任公司

账号：456789188812 　　　　　　　　　　　打印时间：20141231　10:30

2014 年		结算凭证		摘　要	借方发生额	贷方发生额	余额	柜员
月	日	种　类	号数					
12	1			月初余额			709 574.34	01
12	1	现金支票	7562	提现金	6 000.00		703 574.34	01
12	1	转账支票	8105	收到销货款		257 400.00	960 974.34	01
12	1	银行汇票	1282	办理汇票	500 050.50		460 923.84	01
12	2	转账支票	1235	付购货款	117 000.00		343 923.84	01
12	2	其他	3145	收到销货款		7 020.00	350 943.84	01
12	3	转账支票	1240	还前欠款	8 000.00		342 943.84	02
12	4	转账支票	8450	运费	2 000.00		340 943.84	02
12	4	其他	4589	收前欠款		200 000.00	540 943.84	01
12	4	银行承兑汇票	0156	贴现		296 670.00	837 613.84	01
12	5	委托收款	0112	付水费	2 925.00		834 688.84	01
12	8	现金支票	7563	提现	5 000.00		829 688.84	01
12	9	委托收款	0301	商业汇票到期		234 000.00	1063 688.84	01
12	9	网银	6432	还前欠款	110 015.50		953 673.34	01
12	9	转账支票	8451	付电费	32 000.00		921 673.34	03
12	9	银行汇票	2458	预收货款		100 000.00	1021 673.34	03
12	9	网银	8987	付加工费	4 680.00		1 016 993.34	03
12	10	网银	6498	还前欠款	150 015.50		866 977.84	09
12	10	银行本票	8901	收到销货款		702 000.00	1 568 977.84	09
12	11	银行汇票	1282	收回多余款		12 000.00	1 580 977.84	02
12	11	托收承付	0321	收到托收款		142 400.00	1723 377.84	02
12	11	其他	5948	收到前欠款		332 221.20	2 055 599.04	02
12	12	网银	6948	购工作服	17 554.00		2 038 045.04	02
12	12	网银	1232	付购货款	196 807.16		1 841 237.88	02
12	13	其他	0269	交税费	45 793.82		1 795 444.06	02
12	13	其他	5806	交税	105 500.00		1 689 944.06	02

表 4-7（背面）

单位名称：东方绿色食品有限责任公司

账号：456789188812　　　　　　　　　　　　打印时间：20141231　10：30

2014 年		结算凭证		摘　要	借方发生额	贷方发生额	余额	柜员
月	日	种　类	号数					
12	16	转账支票	8452	付工程款	260 000.00		1 429 944.06	09
12	16	其他	9654	取得借款		500 000.00	1 929 944.06	09
12	18	网银	1865	购专利	50 010.50		1 879 933.56	09
12	18	网银	7148	付门市装修费	225 004.00		1 654 929.56	09
12	18	转账支票	8453	付报刊费	1 632.00		1 653 297.56	09
12	19	其他	7921	交公积金	38 191.60		1 615 105.96	09
12	20	转账支票	8454	向灾区捐款	5 000.00		1 610 105.96	11
12	20	转账支票	7962	收到投资		1 500 000.00	3 110 105.96	11
12	20	其他	5948	收到前欠款		80 000.00	3 190 105.96	11
12	20	转账支票	8455	补付货款	16 160.00		3 173 945.96	11
12	20	转账支票	8456	付工资	130 570.50		3 043 375.46	11
12	20	网银	7232	付购货款	600 020.50		2 443 354.96	11
12	23	现金支票	7564	提现金	3 000.00		2 440 354.96	11
12	23	网银	3629	付购货款	476 220.50		1 964 134.46	11
12	23	转账支票	8888	收到货款		200 000.00	2 164 134.46	23
12	23	其他	9654	存款利息		1 021.58	2 165 156.04	23
12	23	其他	1921	付电话费	590.00		2 164 566.04	23
12	23	转账支票	8458	购车	173 200.00		1 991 366.04	23
12	23	其他	4256	交购车税	14 803.42		1 976 562.62	09
12	25	其他	5948	收回坏账		5 000.00	1 981 562.62	23
12	27	现金支票	7565	提现金	13 000.00		1 968 562.62	23
12	27	转账支票	8752	收违约款		12 000.00	1 980 562.62	11
12	27	其他	5256	还借款及利息	304 500.00		1 676 062.62	11
12	27	托收承付	0402	收到货款		533 520.00	2 209 582.62	11
12	27	其他	7850	付利息	60 000.00		2 149 582.62	11
12	27	转账支票	9652	收到租金		8 000.00	2 157 582.62	11
12	30	其他	3146	出售固定资产		9 360.00	2 166 942.62	11
12	30	其他	3271	交税	21038.40		2 145 904.22	11

表 4-8（正面）　　　　　　　　　　银行存款日记账

开户银行　中国农业银行江北支行　　　　　　　账　号　456789188812　第 28 页

2014 年		凭证字号	摘　要	结算凭证		借　方	贷　方	余　额
月	日			种类	号数			
12	1		期初余额					484 574.34
	1	记 2	提现金	现支	7562		6 000.00	478 574.34
	1	记 3	收到销货款	转支	8105	257 400.00		735 974.34
	1	记 5	办理汇票	银行汇票	1282		500 050.50	235 923.84
	2	记 7	收到销货款	其他	3145	7 020.00		242 943.84
	3	记 9	收到托收款	委托收款	0101	100 000.00		342 943.84
	4	记 11	垫付运费	转支	8450		2 000.00	340 943.84
	4	记 12	收前欠款	其他	4589	200 000.00		540 943.84
	4	记 13	贴现	商业汇票	0156	296 670.00		837 613.84
	5	记 15	付水费	委托收款	0112		2 925.00	834 688.84
	8	记 16	付差旅费	现支	7563		5 000.00	829 688.84
	9	记 17	商业汇票到期	委托收款	0301	234 000.00		1 063 688.84
	9	记 18	还前欠款	网银	6432		110 015.50	953 673.34
	9	记 21	付电费	转支	8451		32 000.00	921 673.34
	9	记 22	预收货款	银行汇票	2458	100 000.00		1 021 673.34
	9	记 24	付加工费	网银	8987		4 680.00	1 016 993.34
	10	记 26	还前欠款	网银	6498		150 015.50	866 977.84
	10	记 27	收到销货款	银行本票	8901	702 000.00		1 568 977.84
	11	记 28	收回多余款	银行汇票	1282	12 000.00		1 580 977.84
	11	记 29	收到托收款	托收承付	0321	142 400.00		1 723 377.84
	12	记 31	收到前欠款	其他	5948	332 221.20		2 055 599.04
	12	记 32	购工作服	网银	6948		17 554.00	2 038 045.04
	12	记 33	付购货款	网银	1232		196 807.16	1 841 237.88
	13	记 34	交税费	其他	0269		45 793.82	1 795 444.06
	13	记 35	交税	其他	5806		105 500.00	1 689 944.06
	16	记 38	付 1 号宿舍工程款	转支	8542		260 000.00	1 429 944.06
	16	记 41	取得借款	其他		500 000		1 929 944.06
	18	记 42	付购专利款	网银	1865		50 010.50	1 879 933.56
	18		过次页			2 883 711.20	1 488 351.98	1 879 933.56

表 4-8（背面）

开户银行 <u>中国农业银行江北支行</u>　　　　账　号 <u>456789188812</u>　第 29 页

2014 年		凭证字号	摘　要	结算凭证		借方	贷方	余额
月	日			种类	号数			
12	18		承前页			2 883 711.20	1 488 351.98	1 879 933.56
	18	记 45	付报刊费	转支	8453		1 632.00	1 878 301.56
	18	记 46	付门市装修费	网银	7148		225 004.00	1 653 297.56
	19	记 49	交公积金	其他	7921		38 191.60	1 615 105.96
	20	记 53	收到海天投资	转支	7962	1 500 000.00		3 115 105.96
	20	记 54	收到武汉楚天欠款	其他	5948	80 000.00		3 195 105.96
	20	记 55	向灾区捐款	转支	8454		5 000.00	3 190 105.96
	20	记 56	滨川钢联补付货款	转支	8455		16 160.00	3 173 945.96
	20	记 57	付工资	转支	8456		130 570.50	3 043 375.46
	20	记 58	付购货款	网银	7232		600 020.50	2 443 354.96
	23	记 59	提现金	现支	7564		3 000.00	2 440 354.96
	23	记 60	付购货款	网银	3629		476 220.50	1 964 134.46
	23	记 61	付广告费	转支	8547		2 300.00	1 961 834.46
	23	记 63	收到货款	转支	8888	200 000.00		2 161 834.46
	23	记 64	存款利息	其他	9654	1 021.58		2 162 856.04
	23	记 65	付电话费	其他	1921		590.00	2 162 266.04
	23	记 67	购车	转支	8548		173 200.00	1 989 066.04
	23	记 67	交购车税	其他	4256		14 803.42	1 974 262.62
	23	记 68	交购车保险	转支	8549		1 300.00	1 972 962.62
	25	记 75	收回坏账	其他	5948	5 000.00		1 977 962.62
	27	记 76	提现金	现支	7565		13 000.00	1 964 962.62
	27	记 77	收违约款	转支	8752	12 000.00		1 976 962.62
	27	记 79	还借款及利息	其他	5256		304 500.00	1 672 462.62
	27	记 80	收到货款	托收承付	0402	533 520.00		2 205 982.62
	27	记 81	付利息	其他	7850		60 000.00	2 145 982.62
	27	记 82	收到租金	转支	9652	8 000.00		2 153 982.62
	30	记 96	出售固定资产	其他	3146	9 360.00		2 163 342.62
	30	记 99	交税	其他	3271		21 038.40	2 142 304.22
	31		本月合计			5 232 612.78	3 574 882.90	2 142 304.22

表 4-9　　　　　　　　　　　　　　银行存款余额调节表

编制单位：　　　　　　　　　　账号：　　　　　　　　　编制时间：

项　　目	金　额	项　　目	金　额
企业银行存款日记账余额 加：银行已收,企业未收		银行对账单余额 加：企业已收,银行未收	
减：银行已付,企业未付		减：企业已付,银行未付	
调节后的余额		调节后的余额	

复核：　　　　　　　　　　　　　　　　　制表人：

实训 4.3　出纳报告单编制实训

一、实训目标

1. 掌握出纳报告单编制方法。
2. 能熟练编制出纳报告单。

二、实训准备

准备出纳报告单,本书中已有。

三、实训资料及要求

江南食品有限责任公司 2015 年 1 月份的现金日记账如表 4-10 所示,其他货币资金明细账如表 4-11 所示,银行存款日记账见实训 4.2 的表 4-3。要求：出纳根据账簿记录编制 1 月份出纳报告单(空白的出纳报告单如表 4-12 所示)。

表 4-10 现金日记账 第 1 页

2015 年		凭证字号	摘 要	借 方	贷 方	余 额
月	日					
1	1		期初余额			4 350.00
	2	现收 1	收李军借差旅费余款	200.00		4 550.00
	2	现付 1	李明报销办公用品		322.00	4 228.00
	5	现收 2	收零星销售款	580.00		4 808.00
	8	现付 2	业务员刘强借差旅费		2 000.00	2 808.00
	30	现收 3	收零星销售款	15 000.00		17 808.00
	30	现付 3	送存现金		15 000.00	2 808.00
			本月合计	15 780.00	17 322.00	2 808.00

表 4-11 其他货币资金——银行汇票

2015 年		凭证字号	摘 要	票 号	借 方	贷 方	余 额
月	日						
1	1		期初余额				10 000.00
	5	转 5	购买材料			10 000.00	0.00
	31	银付 4	申请签发银行汇票	汇票 3688	50 000.00		50 000.00
		转 29	购买材料			50 000.00	0.00
			本月合计		50 000.00	60 000.00	0.00

表 4-12 出纳报告单

单位名称： 年 月 日至 年 月 日 编号：

项 目	上期结存	本期收入	本期支出	本期结存
库存现金				
银行存款				
其中：基本账户				
一般账户				
专用账户				
其他货币资金				
其中：				
合 计				

主管： 记账： 出纳： 复核： 制单：

出纳工作交接处理实训

一、实训目标

1. 能做好移交前的准备。
2. 会编制移交清册。

二、实训准备

财产物资移交清单、核算资料移交清单、交接情况说明书,本书中已有。

三、实训资料及要求

2015 年 3 月 20 日,江南服装有限公司原出纳员李苗,因工作调动,财务处已决定将出纳工作移交给张军接管。李苗将需要交接的资料及物品进行了清理,并列出一个清单,清单主要资料如下。要求:出纳李苗编制出纳移交清册(附空白移交清册如表 5-1～表 5-3)。

1. 现金日记账一本,2015 年 3 月 19 日账面余额 450 元,与实际相符。
2. 银行存款日记账二本。

工行东方支行 105180100232210:2015 年 3 月 19 日账面余额 230 000 元,编制银行存款余额调节表后,账实相符;

农行开发支行 699880338000776:2015 年 3 月 19 日账面余额 3 787 510 元,编制银行存款余额调节表后,账实相符。

3. 保险柜一个、文件柜两个、点钞机一台、打印机一台、计算器一个。
4. 财务专用章一枚、现金收讫章一枚、现金付讫章一枚。
5. 支票领用登记簿一本。
6. 空白转账支票 11 张:1020332000666600～1020332000666611。
7. 空白现金支票 6 张:1020331010068907～1020331010068912。
8. 作废支票 1 张:1020331010068807。
9. 空白收据 3 本:2012051～2012200;在用收据:2012001～2012050(已开到 2012043)。

10．印鉴卡片 2 张。

表 5-1　　　　　　　　　　　　　　**财产物资移交清单**

移交日期：　　年　月　日

序号	项　目		单　位	移交金额（数量）	备　注
	类　别	明　细			
1					
2					
3					
4					
5					
6					
7					
8					
9					
10					
11					

移交人：　　　　　　　　　　　接管人：　　　　　　　　　　监交人：

表 5-2　　　　　　　　　　　　　　**核算资料移交清单**

移交日期：　　年　月　日

序号	项　目	单　位	数量	起讫号码	起止时间	备　注
1						
2						
3						
4						
5						
6						
7						
8						
9						
10						

移交人：　　　　　　　　　　　接管人：　　　　　　　　　　监交人：

表 5-3　　　　　　　　交接情况说明书

原出纳员李苗,因工作调动,财务处已决定将出纳工作移交给张军接管。现办理如下交接。

一、交接日期:

二、具体业务的移交:

三、移交的会计凭证、账簿、文件:

四、印鉴:

五、其他物品移交:

六、交接前后工作责任的划分:

七、本交接书一式三份,双方各执一份,存档一份。

　　　　　移交人:　　　　(签名或盖章)
　　　　　接管人:　　　　(签名或盖章)
　　　　　监交人:　　　　(签名或盖章)

　　　　　　　　　　　　　江南服装有限公司财务处(公章)
　　　　　　　　　　　　　　年　月　日

出纳岗位技能综合实训

一、实训目标

1. 正确填写有关原始凭证。
2. 熟练掌握有关现金业务的处理。
3. 熟练掌握有关银行结算业务的处理。
4. 熟练进行日记账的建账、登记、结账、对账。
5. 熟练编制银行存款余额调节表和出纳报告单。

二、实训准备

准备账簿启用表、日记账账页、出纳结算用的空白原始凭证、银行存款余额调节表、出纳报告单等,本书中已有;通用记账凭证 34 张、复写纸 4 张,需自己准备。

三、实训资料及要求

(一)模拟企业基本情况如表 6-1 所示。

表 6-1　　　　　　　　　　模拟实训企业基本情况表

会计主体	青川轴承有限责任公司	企业法人	金钱进
地址	浙江省青川市川北路 9 号	邮编	661500
税务登记证编号	330321321000788	电话	0576-2265387
开户银行(基本账户)	中国农业银行青川川北支行	行号	8827
账号(基本账户)	666104005856	组织机构代码	668
开户银行(一般账户)	中国工商银行青川岭南支行	行业分类	制造业
账号(一般账户)	222104005555	材料名称	A 材料 B 材料
库存现金限额	1 万元	财务经理(兼主管)	叶一凡
注册资金	500 万元	制单会计	李玉良
产品名称	1 号轴承、2 号轴承	复核会计	张小宝
预留银行印鉴	青川轴承有限责任公司财务专用章　　进金印钱	开票员	王丽平
		出纳	赵慧娜

(二)青川轴承有限责任公司 2014 年 11 月银行存款余额调节表如表 6-2 所示。

表 6-2　　　　　　　　　　　　　**银行存款余额调节表**

编制单位：青川轴承有限责任公司

账号：666104005856　　　　　　　2014 年 11 月 30 日　　　　　　　单位：元

项　　目	金　　额	项　　目	金　　额
企业银行存款日记账余额	1 289 567.45	银行对账单余额	1 369 567.45
加：银行已收，企业未收		加：企业已收，银行未收	
减：银行已付，企业未付		减：企业已付，银行未付	80 000.00
		11 月 29 日 转支 02265056	80 000.00
调节后的余额	1 289 567.45	调节后的余额	1 289 567.45

(三)青川轴承有限责任公司 2014 年 12 月及 2015 年 1 月份有关现金、银行存款的业务如下，按各题目要求进行处理。

1. 2014 年 12 月 1 日，企业库存现金期初余额 4 800.00 元，银行存款基本存款账户余额 1 289 567.45 元，一般存款账户余额为 250 000.00 元。要求：①出纳启用现金日记账，填写账簿启用表，账簿共计 50 页，编号为 001；②建立现金日记账、银行存款日记账（空白启用表、账页如表 6-3～表 6-7 所示）。

表 6-3　　　　　　　　　　　　　**账簿启用及交接表**

机构名称							印　鉴	
账簿名称				（第　册）				
账簿编号								
账簿页数		本账簿共计　　页（本账簿页数　检点人盖章　　　　）						
启用日期		公元			年　月　日			
经管人员	负责人		主办会计		复　核		记　账	
	姓　名	盖　章	姓　名	盖　章	姓　名	盖　章	姓　名	盖　章

接交记录	经管人员		接　管			交　出		
	职　别	姓　名	年	月	日	复核	年　月　日　复核	

备注	

表 6-4（正面） 现金日记账 第 21 页

年		凭证		摘　　要	对方科目	收入(借方)	支出(贷方)	结余(余额)
月	日	种类	号数					

表 6-5（正面） 银行存款日记账 第 33 页

开户银行：　　　　　　　　　　　　　　　　　　　　账号：

年		凭证		结算凭证		摘　　要	对方科目	借方	贷方	结余
月	日	种类	号数	种类	号数					

表 6-4（背面）　　　　　　　　　　　　现金日记账　　　　　　　　　　　　第 22 页

年		凭证		摘　　要	对方科目	收入（借方）	支出（贷方）	结余（余额）
月	日	种类	号数					

表 6-5（背面）　　　　　　　　　　　银行存款日记账　　　　　　　　　　第 34 页

开户银行：　　　　　　　　　　　　　　　　　　　　　　　账号：

年		凭证		结算凭证		摘　　要	对方科目	借方	贷方	结余
月	日	种类	号数	种类	号数					

表 6-6（正面）   **银行存款日记账**   第 35 页

开户银行：   账号：

年		凭证		结算凭证		摘　要	对方科目	借方	贷方	结余
月	日	种类	号数	种类	号数					

表 6-7（正面）   **银行存款日记账**   第 5 页

开户银行：   账号：

年		凭证		结算凭证		摘　要	对方科目	借方	贷方	结余
月	日	种类	号数	种类	号数					

表 6-6（背面）　　　　　**银行存款日记账**　　　　第 36 页

开户银行：　　　　　　　　　　　　　　　　　　　　账号：

年		凭证		结算凭证		摘　　要	对方科目	借方	贷方	结余
月	日	种类	号数	种类	号数					

表 6-7（背面）　　　　　**银行存款日记账**　　　　第 6 页

开户银行：　　　　　　　　　　　　　　　　　　　　账号：

年		凭证		结算凭证		摘　　要	对方科目	借方	贷方	结余
月	日	种类	号数	种类	号数					

2. 2014 年 12 月 2 日,销售部刘军报销差旅费,以现金支付。要求:①出纳办理报销业务;②制单会计编制记账凭证(记账凭证编号为记字第 6 号);③复核会计复核记账凭证;④出纳登记日记账(报销单如表 6-8 所示)。

表 6-8 　　　　　　　　　　　　**差旅费报销单**

报销日期 2014 年 12 月 2 日

部门	销售部	出差人	刘军	事由		到郑州采购				
出差日期	起止地点	飞机	火车	汽车	市内交通费	住宿费	补贴	其他	合计	单据
11 月 26 日	青川至郑州		249.00		60.00	938.00	160.00		1407.00	6
11 月 30 日	郑州至青川		249.00		50.00				299.00	2
	至									
	至									
合　计			¥498.00		¥110.00	¥938.00	¥160.00		¥1 706.00	8
报销金额	人民币(大写)壹仟柒佰零陆元整							¥1 706.00		
原借款		报销额	¥1706.00	应退还			应补付			
财会审核意见	审批人意见			同意报销　　　　　　　　叶一凡 2014.12.2						

主管:　　　　　会计:　　　　　出纳:　　　　　报销人:刘军

注:附单据 8 张略。

3. 2014 年 12 月 2 日,出纳提现金 5 000 元备用。要求:①出纳填写现金支票,办理提现业务;②制单会计编制记账凭证;③复核会计复核记账凭证(记账凭证编号为记字第 8 号);④出纳登记日记账。(空白现金支票如表 6-9 所示)

表 6-9(正面) 　　　　　　　　　　**中国农业银行现金支票**

中国农业银行 现金支票存根 20203310 00065487 附加信息 ────────── 出票日期　年　月　日 收款人: 金　额: 用　途: 单位主管　　会计	付款期限自出票之日起十天	⊛ 中国农业银行　**现金支票**　　20203310　00065487 出票日期(大写)　　　年　月　日付款行名称 收款人:　　　　　　　　　　出票人账号

		亿	千	百	十	万	千	百	十	元	角	分
人民币 (大写)												

用途:_____　　密码:_____

上列款项请从我账户内支付

出票人签章　　　　　　复核　　　记账

84

表 6-9（背面）

附加信息：		（粘贴单处）	根据《中华人民共和国票据法》等法律、法规的规定，签发空头支票由中国人民银行处以票面金额 5‰ 但不低于 1 000 元的罚款。
		收款人签章 年　月　日	
	身份证件名称：　　　　　发证机关：		
	号 码		

4. 2014 年 12 月 2 日,企业欲从太原钢铁有限公司(开户行:中国工商银行太原城东支行,账号 222104088888)购买 A 材料一批,双方约定采用银行汇票结算。要求:①出纳填写结算业务申请书申请办理 250 000 元的银行汇票一张。汇款方式是普通;②制单会计编制记账凭证(记账凭证编号为记字第 10 号);③复核会计复核记账凭证;④出纳登记日记账(空白银行结算业务申请书如表 6-10~表 6-12 所示)。

表 6-10 🌀 **中国农业银行** 结算业务申请书   浙 C 0128232185

申请日期　　　　　　　年　月　日

客户填写	业务类型	□电汇 □信汇 □汇票 □本票 其他＿＿＿＿＿＿＿＿		汇款方式	□普通　□加急										
	申请人	全　　称		收款人	全　　称										
		账号或地址			账号或地址										
		开户行名称			开户行名称										
	金额(大写)人民币				亿	千	百	十	万	千	百	十	元	角	分
	上列款项及相关费用请从我账户内支付 申请人签章			支付密码											
				附加信息及用途:											
银行打印															

第一联:记账联

会计主管:　　　　　　复核:　　　　　　记账:

表 6-11 🌀 **中国农业银行** 结算业务申请书   浙 C 0128232185

申请日期　　　　　　　年　月　日

客户填写	业务类型	□电汇 □信汇 □汇票 □本票 其他＿＿＿＿＿＿＿＿		汇款方式	□普通　□加急										
	申请人	全　　称		收款人	全　　称										
		账号或地址			账号或地址										
		开户行名称			开户行名称										
	金额(大写)人民币				亿	千	百	十	万	千	百	十	元	角	分
	转账日期: 　　年　月　日			支付密码											
				附加信息及用途:											
银行打印															

第二联:发报或出票依据

会计主管:　　　　　　复核:　　　　　　记账:

表 6-12

中国农业银行结算业务申请书

浙 C 0128232185

申请日期　　　　　　　　　　年　月　日

客户填写	业务类型	□电汇 □信汇 □汇票 □本票 其他＿＿＿＿＿＿		汇款方式	□普通 □加急										
	申请人	全　　称		收款人	全　　称										
		账号或地址			账号或地址										
		开户行名称			开户行名称										
	金额(大写)人民币				亿	千	百	十	万	千	百	十	元	角	分
	付出行签章：			支付密码											
				附加信息及用途：											
银行打印															

会计主管：　　　　　　　复核：　　　　　　　记账：

银行办理好的银行汇票如表 6-13 和表 6-14 所示，银行收取的手续费凭证如表 6-15 所示。

中国农业银行

表 6-13（正面）

银 行 汇 票　　2

10200042
20088059

出票日期 （大写）	贰零壹肆年壹拾贰月零贰日	代理付款行：　　行号：

收款人：太原钢铁有限公司												
出票金额	人民币 （大写）	贰拾伍万元整			￥250 000.00							
实际结算金额	人民币 （大写）		亿	千	百	十	万	千	百	十	元	角	分

提示付款期限自出票之日起壹个月

申请人：青川轴承有限责任公司　　账号　　666104005856

出票行：中国农业银行青川川北支行

行号：882

备注：

凭票付款

出票行签章

汇票专用章
10548963

密押：	
多余金额	
亿 千 百 十 万 千 百 十 元 角 分	
	复核　　　记账

此联代理付款行付款后作联行往账借方凭证附件

表 6-13（背面）

被背书人	被背书人	
		粘 贴 单 处
背书人签章 年　月　日	背书人签章 年　月　日	

持票人向银行
提示付款签章：

身份证件名称：　　　　　　　　　发证机关：

号码 | | | | | | | | | | | | | | |

表 6-14

中国农业银行

银行汇票(解讫通知) **3**

10200042
20088059

出票日期
(大写)　贰零壹肆年壹拾贰月零贰日

代理付款行：　行号：

提示付款期限自出票之日起壹个月

收款人：太原钢铁有限公司

出票金额	人民币(大写)　贰拾伍万元整	￥250 000.00

实际结算金额	人民币(大写)	亿	千	百	十	万	千	百	十	元	角	分

申请人：青川轴承有限责任公司　　账号：　666104005856

出票行：农行青川川北支行　行号：8827

备注：＿＿＿＿＿＿＿＿＿＿

代理付款行签章

密押：

复核：　　　经办：

复核　　记账

表 6-15

中国农业银行　现金管理收费凭证

2014 年 12 月 2 日　序号：4561238

付款人户名	青川轴承有限责任公司
付款人账号	666104005856
业务种类	银行汇票

收费项目	收费基数	费率	交易量	交易金额	收费金额
手续费			1		1.00
工本费					0.50
金额(大写)	人民币壹元伍角整		(小写)￥1.50		

日期：2014-12-02　　日志号：2876　　交易码：26587023a12　　币种：人民币

金额：壹元伍角整　　终端号：3215　　主管：26　　柜员：09

2014.12.02

制票：　　　　　　　　复核：

5. 2014 年 12 月 2 日,企业收到银行转来的客户贷记通知单一张(如表 6-16 所示)。
要求:①出纳审核收到的收款凭证(记账凭证编号为记字第 16 号);②制单会计编制记账凭证;③复核会计复核记账凭证;④出纳登记日记账。

表 6-16

<table>
<tr><td colspan="2" style="text-align:center">客户贷记通知单</td></tr>
<tr><td>交易日期:2014/12/02　　　交易机构:03156　　　交易流水号:03625948</td></tr>
<tr><td>收款人名称:青川轴承有限责任公司</td></tr>
<tr><td>收款人账号:666104005856</td></tr>
<tr><td>收款人开户行:中国农业银行青川川北支行</td></tr>
<tr><td>付款人名称:杭州市机电设备公司</td></tr>
<tr><td>付款人账号:465433389456</td></tr>
<tr><td>付款人开户行:中国农业银行杭州滨江支行</td></tr>
<tr><td>金额(小写):CNY332 222.00</td></tr>
<tr><td>金额(大写):人民币叁拾叁万贰仟贰佰贰拾贰元整</td></tr>
<tr><td>客户申请号:01236598</td></tr>
<tr><td>用途:付货款</td></tr>
<tr><td>银行摘要:0BS0012300123001</td></tr>
<tr><td>备注:</td></tr>
<tr><td>此联为客户回单　　　　　　　　　　　　　　　　　　　银行盖章</td></tr>
</table>

中国农业银行青川川北支行 2014.12.02 业务专用章

6. 2014 年 12 月 6 日,办公室李英出差预借差旅费 5 000 元,以现金支票支付。要求:①出纳签发现金支票一张,收款人是李英;②制单会计编制记账凭证(记账凭证编号为记字第 23 号);③复核会计复核记账凭证;④出纳登记日记账(借款单、空白现金支票如表 6-17~表 6-19 所示)。

表 6-17

借 款 借 据

借款日期:2014 年 12 月 6 日

<table>
<tr><td>借款部门</td><td>办公室</td><td>借款理由</td><td>到上海开会</td></tr>
<tr><td colspan="2">借款金额(大写)伍仟元整</td><td colspan="2">¥5 000.00</td></tr>
<tr><td colspan="2">部门领导意见:
同意借支
高伟立 2014.12.6</td><td colspan="2">借款人签章:

李英 2014.12.6</td></tr>
<tr><td colspan="4">备注:</td></tr>
</table>

借款记账联

表 6-18 　　　　　　　　　　　　　　　　　**借 款 借 据**

借款日期：2014 年 12 月 6 日

借款部门	办公室	借款理由	到上海开会	
借款金额（大写）伍仟元整			￥5 000.00	借款人留存
部门领导意见： 　　同意借支 　　　　　　　　高伟立 2014.12.6			借款人签章： 李英 2014.12.6	
备注：				

表 6-19（正面）　　　　　　　　　　　　**中国农业银行现金支票**

中国农业银行 现金支票存根 20203310 00065488 附加信息 _____ 出票日期　年 月 日 收款人： 金　额： 用　途： 单位主管　　会计	付款期限自出票之日起十天	(银) 中国农业银行　　现金支票　　　20203310 00065488 出票日期（大写）　　　年　　月　　日　付款行名称 收款人：　　　　　　　　　　　　　　出票人账号 人民币（大写）　　亿 千 百 十 万 千 百 十 元 角 分 用途：_____　　密码：_____ 上列款项请从 我账户内支付 出票人签章　　　　　　　　复核　　　　记账

表 6-19(背面)

附加信息：		（粘贴单处）
	收款人签章 年　月　日	根据《中华人民共和国票据法》等法律、法规的规定，签发空头支票由中国人民银行处以票面金额 5% 但不低于 1 000 元的罚款。
	身份证件名称：　　　　发证机关：	
	号码	

7. 2014 年 12 月 6 日,出纳通过网上银行归还前欠货款。①出纳办理支付,审核收到的网银国内跨行大额汇款凭证(如表 6-20 所示);②制单会计编制记账凭证(记账凭证编号为记字第 26 号);③复核会计复核记账凭证;④出纳登记日记账。

表 6-20　　　　　　　　网银国内跨行大额汇款凭证

网银业务编号:56056432　　　　大额业务编号:CB123464646　　　　业务类型:C001
发起行行号:8827　　　汇款人开户行行号:8827　　　汇出行委托日期:2014/12/06

汇款人开户行名称:中国农业银行青川川北支行
汇款人账号:666104005856
汇款人名称:青川轴承有限责任公司
汇款人地址:浙江省青川市川北路 9 号
接收行行号:4533　　　收款人开户行行号:4533　　　汇出行经办日期:2014/12/06
收款人开户行名称:中国银行北京朝阳支行
收款人账号:656569874323
收款人名称:北京京发公司
收款人地址:北京市朝阳路 256 号
汇款币种、金额:CNY110 000.00
手续费币种、金额:CNY0.50
电子汇划费币种、金额:CNY15.00
附言:货款
此联为客户回单　　　　　　　　　　　　　　　　　　　　　　　银行盖章

（印章：中国农业银行青川川北支行　2014.12.06　业务专用章）

8. 2014 年 12 月 8 日,企业销售 1 号轴承一批,收到银行汇票一张。要求:①出纳审核收到的银行汇票,填写进账单,办理进账;②制单会计编制记账凭证;③复核会计复核记账凭证(记账凭证编号为记字第 37 号);④出纳登记日记账(发票、银行汇票、进账单如表 6-21～表 6-26 所示)。

表 6-21　　　　　　中国农业银行 进账单(回单)　1
年　月　日

出票人	全　称		收款人	全　称											此联是开户银行交持(出)票人的回单
	账　号			账　号											
	开户银行			开户银行											
金额	人民币(大写)			亿	千	百	十	万	千	百	十	元	角	分	
票据种类		票据张数													
票据号码															
	复核:	记账:		开户银行签章											

90

表 6-22　　中国农业银行**进账单**（贷方凭证）　　**2**

年　月　日

出票人	全　称		收款人	全　称											此联由收款人开户银行作贷方凭证
	账　号			账　号											
	开户银行			开户银行											
金额	人民币（大写）				亿	千	百	十	万	千	百	十	元	角	分
票据种类		票据张数													
票据号码															
备注：															
							复核：　　　　记账：								

表 6-23　　中国农业银行**进账单**（收账通知）　　**3**

年　月　日

出票人	全　称		收款人	全　称											此联是收款人开户银行给收款人的收账通知
	账　号			账　号											
	开户银行			开户银行											
金额	人民币（大写）				亿	千	百	十	万	千	百	十	元	角	分
票据种类		票据张数													
票据号码															
	复核：　　　记账：			收款人开户银行签章											

表 6-24
3300144140

浙江增值税专用发票

此联不作报销、扣税凭证使用

No18700559

开票日期：2014 年 12 月 8 日

| 购买方 | 名　　　称：滨川振发机械制造有限公司
纳税人识别号：330801001315553
地址、电话：滨川市城北路 20 号 0578-2211868
开户行及账号：工行滨川城北支行 335432222000 | | | | | 密码区 | （略） | | |

货物或应税劳务、服务 名称 1 号轴承	规格型号	单位 套	数量 250	单价 2 100.00	金额 525 000.000	税率 17%	税额 89 250.00
合计					￥525 000.000		￥89 250.00

价税合计（大写）　⊗陆拾壹万肆仟贰佰伍拾元整	（小写）￥614 250.00

| 销售方 | 名　　　称：青川轴承有限责任公司
纳税人识别号：330321321000788
地址、电话：青川市川北路 9 号 0576-2265387
开户行及账号：农行青川川北支行 666104005856 | 备注 | 青川轴承有限责任公司
330321321000788
发票专用章 |

收款人：赵慧娜　　　复核：张小宝　　　开票人：王丽平　　　销售方：（章）

第一联：记账联　销售方记账凭证

表 6-25（正面）

中国工商银行

银 行 汇 票　2

10200442

30088066

出票日期 （大写）　贰零壹肆年壹拾贰月零贰日	代理付款行：　　行号：

收款人：青川轴承有限责任公司											
出票金额	人民币 （大写）　陆拾伍万元整							￥600 000.00			
实际结算金额	人民币 （大写）	亿	千	百	十	万	千	百	十	元	角	分

提示付款期限自出票之日起壹个月

申请人：滨川振发机械制造有限公司
出票行：工行滨川城北支行 行号：5523
备注：
凭票付款
出票行签章　汇票专用章　20548966

账号：　335432222000

密押：

多余金额										
亿	千	百	十	万	千	百	十	元	角	分

复核　　　记账

此联代理付款行付款后作联行往账借方凭证附件

表 6-25（背面）

被背书人	被背书人	粘贴单处
背书人签章 年　月　日	背书人签章 年　月　日	

持票人向银行
提示付款签章：

身份证件名称：　　　　　　　　发证机关：

号码 | | | | | | | | | | | | | | | | |

表 6-26

中国工商银行 10200042

银行汇票（解讫通知） 3 30088066

| 出票日期（大写） | 贰零壹肆年壹拾贰月零贰日 | 代理付款行： 行号： |

此联代理付款行兑付后随报单寄出票行由出票行作多余款贷方凭证

提示付款期限自出票之日起壹个月

收款人：青川轴承有限责任公司

| 出票金额 | 人民币（大写） | 陆拾伍万元整 | ￥600 000.00 |

| 实际结算金额 | 人民币（大写） | | 亿 | 千 | 百 | 十 | 万 | 千 | 百 | 十 | 元 | 角 | 分 |
| | | | | | | | | | | | | | |

申请人：滨川振发机械制造有限公司

出票行：工行滨川城北支行 行号：5523　账号：　335432222000

备注：_____

代理付款行签章

密押：

复核： 经办：

复核　记账

9. 2014 年 12 月 10 日，企业欲从青川钢构有限责任公司购 B 材料一批，双方协商采用银行本票结算货款 100 000 元。要求：①出纳填写银行结算业务申请书，办理银行本票；②制单会计编制记账凭证（记账凭证编号为记字第 43 号）；③复核会计复核记账凭证；④出纳登记日记账（空白银行结算业务申请书如表 6-27～表 6-29 所示）。

表 6-27

中国农业银行结算业务申请书 浙 C 0128232186

| 申请日期 | | 年 月 日 |

客户填写	业务类型	□电汇 □信汇 □汇票 □本票 其他_____		汇款方式		□普通 □加急									
	申请人	全　称		收款人	全　称										
		账号或地址			账号或地址										
		开户行名称			开户行名称										
	金额（大写）人民币					亿	千	百	十	万	千	百	十	元	角	分
	上列款项及相关费用请从我账户内支付 申请人签章			支付密码												
				附加信息及用途：												
银行打印																

第一联：记账联

会计主管：　　　　　复核：　　　　　记账：

表 6-28　　　🌀 **中国农业银行** 结算业务申请书　　　浙 C 0128232186

申请日期　　　　　　　　　　年　月　日

<table>
<tr><td rowspan="8">客户填写</td><td colspan="2">业务类型</td><td>□电汇 □信汇 □汇票 □本票
其他_____</td><td colspan="2">汇款方式</td><td colspan="11">□普通 □加急</td></tr>
<tr><td rowspan="3">申请人</td><td colspan="2">全　　称</td><td></td><td rowspan="3">收款人</td><td colspan="11">全　　称</td></tr>
<tr><td colspan="2">账号或地址</td><td></td><td colspan="11">账号或地址</td></tr>
<tr><td colspan="2">开户行名称</td><td></td><td colspan="11">开户行名称</td></tr>
<tr><td colspan="3" rowspan="2">金额（大写）人民币</td><td></td><td>亿</td><td>千</td><td>百</td><td>十</td><td>万</td><td>千</td><td>百</td><td>十</td><td>元</td><td>角</td><td>分</td></tr>
<tr><td></td><td></td><td></td><td></td><td></td><td></td><td></td><td></td><td></td><td></td><td></td><td></td></tr>
<tr><td colspan="3">转账日期：</td><td colspan="2">支付密码</td><td colspan="11"></td></tr>
<tr><td colspan="3">　　　　年　月　日</td><td colspan="2">附加信息及用途：</td><td colspan="11"></td></tr>
<tr><td>银行打印</td><td colspan="17"></td></tr>
</table>

会计主管：　　　　　　复核：　　　　　　记账：

第二联：发报或出票依据

表 6-29　　　🌀 **中国农业银行** 结算业务申请书　　　浙 C 0128232186

申请日期　　　　　　　　　　年　月　日

<table>
<tr><td rowspan="8">客户填写</td><td colspan="2">业务类型</td><td>□电汇 □信汇 □汇票 □本票
其他_____</td><td colspan="2">汇款方式</td><td colspan="11">□普通 □加急</td></tr>
<tr><td rowspan="3">申请人</td><td colspan="2">全　　称</td><td></td><td rowspan="3">收款人</td><td colspan="11">全　　称</td></tr>
<tr><td colspan="2">账号或地址</td><td></td><td colspan="11">账号或地址</td></tr>
<tr><td colspan="2">开户行名称</td><td></td><td colspan="11">开户行名称</td></tr>
<tr><td colspan="3" rowspan="2">金额（大写）人民币</td><td></td><td>亿</td><td>千</td><td>百</td><td>十</td><td>万</td><td>千</td><td>百</td><td>十</td><td>元</td><td>角</td><td>分</td></tr>
<tr><td></td><td></td><td></td><td></td><td></td><td></td><td></td><td></td><td></td><td></td><td></td><td></td></tr>
<tr><td colspan="3">付出行签章：</td><td colspan="2">支付密码</td><td colspan="11"></td></tr>
<tr><td colspan="3">　　　　年　月　日</td><td colspan="2">附加信息及用途：</td><td colspan="11"></td></tr>
<tr><td>银行打印</td><td colspan="17"></td></tr>
</table>

会计主管：　　　　　　复核：　　　　　　记账：

第三联：回单联

注：青川钢构有限责任公司地址：浙江省青川市江北路 2 号；开户行：建行青川江北支行；账号：888954954321。

银行办理好的银行本票如表 6-30 所示,银行收取的手续费凭证如表 6-31 所示。

表 6-30(正面)

<table>
<tr><td rowspan="7">提示付款期限自出票之日起壹个月</td><td colspan="6">中国工商银行　本票　2</td><td colspan="2">10203375
20471917</td></tr>
<tr><td colspan="8">出票日期(大写)　　贰零壹肆年　壹拾贰　月　零壹拾日</td></tr>
<tr><td colspan="8">收款人:青川钢构有限责任公司　　申请人:青川轴承有限责任公司</td></tr>
<tr><td colspan="4">凭票即付人民币(大写)壹拾万元整</td><td colspan="4">亿 千 百 十 万 千 百 十 元 角 分
　　　　¥ 1 0 0 0 0 0 0 0 0</td></tr>
<tr><td colspan="2">☑转账　□现金</td><td colspan="6">密押_____</td></tr>
<tr><td colspan="2">本票专用章 2014.12.10　东赵印伟</td><td colspan="6">行号_____</td></tr>
<tr><td colspan="2">备注</td><td colspan="6">出纳　　　复核　　　经办</td></tr>
</table>

表 6-31　　　　中国农业银行　现金管理收费凭证

2014 年 12 月 10 日　序号:4561999

付款人户名	青川轴承有限责任公司				
付款人账号	666104005856				
业务种类	银行汇票				
收费项目	收费基数	费率	交易量	交易金额	收费金额
手续费			1		1.00
工本费					0.20
金额(大写)	人民币壹元贰角整		(小写)¥1.20		

日期:2014-12-10　　日志号:2876　　交易码:26588023a12　　币种:人民币
金额:壹元贰角整　　终端号:3215　　主管:26　　　　柜员:09

业务专用章

制票:　　　　　　　　　　复核:

10. 2014 年 12 月 13 日,企业购买 A 材料到达(系 12 月 2 日银行汇票支付)。①制单会计编制记账凭证(记账凭证编号为记字第 52 号);②复核会计复核记账凭证(发票、收料单如表 6-32~表 6-34 所示)。

表 6-30（背面）

被背书人	被背书人	
		粘贴单处
背书人签章 年　月　日	背书人签章 年　月　日	

持票人向银行 提示付款签章：	身份证件名称：							发证机关：						
	号码													

表 6-32
1400144140

山西增值税专用发票

发票联

№02060557

开票日期：2014 年 12 月 8 日

购买方	名　　称：青川轴承有限责任公司 纳税人识别号：330321321000788 地址、电话：青川市川北路 9 号 0576-2265387 开户行及账号：农行青川川北支行 666104005856				密码区	（略）		
货物或应税劳务、服务名称	规格型号	单位	数量	单价	金额	税率	税额	
A 材料		吨	100	2 000.00	200 000.00	17%	34 000.00	
合计					￥200 000.00		￥34 000.00	
价税合计（大写）	⊗贰拾叁万肆仟元整			（小写）￥234 000.00				
销售方	名　　称：太原钢铁有限公司 纳税人识别号：140120000232687 地址、电话：太原市丰顺路 5 号 0541-3214568 开户行及账号：工行太原城东支行 222104088888				备注			

收款人：毛一飞　　　　复核：张朋　　　　开票人：刘青青　　　　销售方：（章）

太原钢铁有限公司
140120000232687
发票专用章

第三联：发票联　购买方记账凭证

表 6-33
1400144140

山西增值税专用发票

抵扣联

№02060557

开票日期：2014 年 12 月 8 日

购买方	名　　称：青川轴承有限责任公司 纳税人识别号：330321321000788 地址、电话：青川市川北路 9 号 0576-2265387 开户行及账号：农行青川川北支行 666104005856				密码区	（略）		
货物或应税劳务、服务名称	规格型号	单位	数量	单价	金额	税率	税额	
A 材料		吨	100	2 000.00	200 000.00	17%	34 000.00	
合计					￥200 000.00		￥34 000.00	
价税合计（大写）	⊗贰拾叁万肆仟元整			（小写）￥234 000.00				
销售方	名　　称：太原钢铁有限公司 纳税人识别号：140120000232687 地址、电话：太原市丰顺路 5 号 0541-3214568 开户行及账号：工行太原城东支行 222104088888				备注			

收款人：毛一飞　　　　复核：张朋　　　　开票人：刘青青　　　　销售方：（章）

太原钢铁有限公司
140120000232687
发票专用章

第二联：抵扣联　购买方作抵扣税凭证

税总函[2014]102 号　临海华森实业公司

表 6-34

收料单

材料科目：原材料　　　　　　　　　　　　　　　　　　　　编号：12004
材料类别：原料及主要材料　　　　　　　　　　　　　　　　收料仓库：材料仓库
供应单位：太原钢铁有限公司　　　2014 年 12 月 8 日　　　发票号码：02060557

材料编号	材料名称	规格	计量单位	数　量		实 际 价 格			
				应收	实收	单价	发票金额	运费	合 计
001	A 材料		吨	100	100	2 000.00	200 000.00		200 000.00
备　注									

采购员：张明　　　　　　检验员：王明　　　　　　保管员：王明

11. 2014 年 12 月 16 日，收到银行汇票多余款收账通知（如表 6-35 所示）。要求：①出纳审核收到的银行汇票；②制单会计编制记账凭证（记账凭证编号为记字第 56 号）；③复核会计复核记账凭证；④出纳登记日记账。

表 6-35

中国农业银行　　　　　　　　　　　　　　　　10200042

银 行 汇 票　（多余款收账通知）**4**　　20088059

出票日期（大写）	贰零壹肆年壹拾贰月零贰日	代理付款行：　行号：	

收款人：太原钢铁有限公司	

出票金额	人民币（大写）　贰拾伍万元整	￥250 000.00

实际结算金额	人民币（大写）　贰拾叁万肆仟元整	亿 千 百 十 万 千 百 十 元 角 分
		￥ 2 3 4 0 0 0 0 0

提示付款期限自出票之日起壹个月

申请人：青川轴承有限责任公司　　账号：666104005856
出票行：农行青川川北支行　行号：8827
备注：
出票行签章

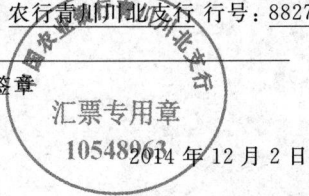
汇票专用章
10548963　2014 年 12 月 2 日

密押：

多余金额

亿 千 百 十 万 千 百 十 元 角 分
￥ 1 6 0 0 0 0 0

中国农业银行青川川北支行
2014.12.15
业务专用章

左列退回多余款金额已收入你账户内。

此联出票行结清多余款后交申请人

97

12. 2014 年 12 月 16 日,收到银行转来的代付电话费凭证(如表 6-36 和表 6-37 所示,抵扣联略)。要求:①出纳审核收到的交电话费凭证;②制单会计编制记账凭证(记账凭证编号为记字第 58 号);③复核会计复核记账凭证;④出纳登记日记账。

表 6-36

同城特约
委托收款凭证 (付款通知) 5

发票代码:232154689
发票号码:00124587

委托日期 2014 年 12 月 15 日　　　　单位代码 02365　　　　委托号码:56487912

付款人	全　称	青川轴承有限责任公司	收款人	全　称	中国电信股份有限公司青川分公司
	账　号	666104005856		账　号	365489721256
	开户银行	农行青川川北支行		开户银行	建行青川中山支行
委托金额	人民币(大写) 伍佰玖拾元整		金额(小写)		¥590.00
款项内容	电话费	委托收款凭证名称	发票	附寄单据张数	1
合同名称号码	021563				
备注:		款项收妥日期　年　月　日		付款人开户银行盖章 业务专用章	

单位主管:　　　　会计:　　　　复核:　　　　记账:

表 6-37

浙江省地方税务局通用机打发票
发 票 联

同意支付　金钱进
2014.12.16

发票代码:232154689
发票号码:00124587

开票日期:2014-12-16		行业分类:邮电通信业	
客户名称:青川轴承有限责任公司		客户代码:02365	
付款单位	全　称 青川轴承有限责任公司	收款单位	全　称 中国电信股份有限公司青川分公司
	账　号 666104005856		账　号 365489721256
	开户银行 农行青川川北支行		开户银行 建行青川中山支行
合同号 231564021		计费周期 2014 年 11 月	
月基本费 230.00		本地话费 366.80	
长途话费 325.20		优惠 −432.00	
互联网使用费 100.00			
本期费用小计 ¥590.00			564120022232688 发票专用章
合计人民币(大写)伍佰玖拾元整		¥590.00	

操作员:王娟　　　　收款员:王军　　　　地址:收款单位盖章

13. 2014 年 12 月 16 日,收到银行转来的交税费凭证(如表 6-38～表 6-43 所示)。要求:①出纳审核收到的交税费凭证;②制单会计编制记账凭证(记账凭证编号为记字第 60、61 号);③复核会计复核记账凭证;④出纳登记日记账。

表 6-38 　　　　　　　　**中国农业银行(青川川北支行)借记通知**

流水号:22012865　　　　　　　　交易日期:2014 年 12 月 15 日

付款单位名称	青川轴承有限责任公司	凭证编号	56321
付款单位账号	666104005856	收款银行	农行青川分行作业中心
收款单位名称	待划转一户通批量清算款	起息日	2014 年 12 月 15 日
收款单位账号	900123654893	金额	RMB32 652.10
交易名称	外围批量入账(日间运行)		
摘要	一户通税、费		

注:如果日期、流水号、账号、摘要、金额相同,系重复打印。经办柜员 653(批处理日间柜)(银行盖章)。

表 6-39 　　　　　　　　**中国农业银行电子缴税凭证(客户联)**

　　　　　　　　　　转账日期:2014 年 12 月 15 日　　　　凭证字号:8000269

纳税人全称及识别号:青川轴承有限责任公司　　236321321000788

付款人全称:青川轴承有限责任公司

付款人账号:666104005856　　　　　　　征收机关名称:青川市地方税务局(一户通)

付款人开户银行:中国农业银行　　　　　　收款国库(银行)名称:国家金库青川市支库

小写(合计)金额:￥32 652.10　　　　　缴款书交易流水号:8000269

大写(合计)金额:人民币叁万贰仟陆佰伍拾贰元壹角　　税票号码:71100269

税(费)种名称	所属时期	实缴金额
代扣个人所得税　　　工资、薪金所得	20141101～20141130	8.41
教育费附加	20141101～20141130	1 200.00
城市维护建设税	20141101～20141130	2 800.00
养老保险费　　　　企业单位缴纳	20141101～20141130	19 095.79
养老保险费　　　　企业职工缴纳	20141101～20141130	7 638.32
失业保险费　　　　企业职工缴纳	20141101～20141130	477.39
失业保险费　　　　企业单位缴纳	20141101～20141130	1 432.19

表 6-40 　　　　　　　　**中国农业银行(青川川北支行)借记通知**

流水号:22012865　　　　　　　　交易日期:2014 年 12 月 15 日

付款单位名称	青川轴承有限责任公司	凭证编号	56322
付款单位账号	666104005856	收款银行	农行青川分行作业中心
收款单位名称	待划转一户通批量清算款	起息日	2014 年 12 月 15 日
收款单位账号	900123654893	金额	RMB13 141.72
交易名称	外围批量入账(日间运行)		
摘要	一户通税、费		

注:如果日期、流水号、账号、摘要、金额相同,系重复打印。经办柜员 653(批处理日间柜)(银行盖章)。

表 6-41 　　　　　　　　中国农业银行电子缴税凭证（客户联）

转账日期：2014 年 12 月 15 日　　　　　　　凭证字号：8000270

纳税人全称及识别号：青川轴承有限责任公司　　　236321321000788

付款人全称：青川轴承有限责任公司

付款人账号：666104005856　　　　　　　征收机关名称：青川市地方税务局（一户通）

付款人开户银行：中国农业银行　　　　　　收款国库（银行）名称：国家金库青川市支库

小写（合计）金额：￥13 141.72　　　　　　缴款书交易流水号：8000270

大写（合计）金额：壹万叁仟壹佰肆拾壹元柒角贰分　　税票号码：71100270

税（费）种名称	所属时期	实缴金额
工伤保险费＿＿＿＿＿企业单位缴纳	20141101～20141130	477.40
医疗保险费＿＿＿＿＿企业职工缴纳	20141101～20141130	1 909.58
医疗保险费＿＿＿＿＿企业单位缴纳	20141101～20141130	9 547.90
生育保险费＿＿＿＿＿企业单位缴纳	20141101～20141130	763.83
印花税	20141101～20141130	443.01

表 6-42　　　　　　　　中国农业银行（青川川北支行）借记通知

流水号：22012865　　　　　　　交易日期：2014 年 12 月 15 日

付款单位名称	青川轴承有限责任公司	凭证编号	56323
付款单位账号	666104005856	收款银行	农行青川分行作业中心
收款单位名称	待划转一户通批量清算款	起息日	2014 年 12 月 15 日
收款单位账号	9001123654893	金额	RMB105 500.00
交易名称	外围批量入账（日间运行）		
摘要	一户通税、费		

注：如果日期、流水号、账号、摘要、金额相同，系重复打印。经办柜员 653（批处理日间柜）（银行盖章）。

表 6-43

（032）浙　No.0055806　国

国缴电

隶属关系：地方

注册类型：有限责任公司　　填发日期：2014 年 12 月 15 日　　征收机关：直属分局

缴款单位（人）	代　码	330321321000788	预算科目	编码	1010103
	全　称	青川轴承有限责任公司		名称	增值税、企业所得税
	开户银行	中国农业银行青川川北支行		级次	中央 75%地方 25%
	账　号	666104005856	收款国库		国家金库青川中心支库

| 税款所属时期 | 2014 年 11 月 1 日至 11 月 30 日 | 税款限缴日期 | 2014 年 12 月 15 日 |

品目名称	课税数量	计税金额或销售收入	税率或单位税额	已缴或扣除额	实缴金额
增值税			17%		40 000.00
企业所得税			25%		65 500.00

| 金额合计 | （大写）⊗壹拾万零伍仟伍佰元整 | | | | ￥105 500.00 |

| 缴款单位（人）盖章 经办人（盖章） | 税务机关（盖章）填票人（章） | 上列款项已收妥并划转收款单位账户 国库（银行）盖章 | 2014.12.16 业务专用章 | 备注 |

第一联：（收据）国库（银行）收款盖章后退缴款单位（人）作完税凭证

14．2014 年 12 月 25 日，收到银行的存款利息清单（如表 6-44 所示）。要求：①出纳审核收到存款利息清单；②制单会计编制记账凭证（记账凭证编号为记字第 85 号）；③复核会计复核记账凭证；④出纳登记日记账。

表 6-44

商务客户贷记利息通知单　　　　08143-DEPQ01002

交易日期：2014/12/23　　　　　　交易流水号：7789654
货币：CNY
账号：666104005856
户名：青川轴承有限责任公司
利息金额（小写）：CNY1 021.58
利息金额（大写）：人民币壹仟零贰拾壹元伍角捌分
起息日期：2014/12/24

2014.12.23 业务专用章

此联为客户回单　　　　　　　　　　　　　　　　银行盖章

15．2014 年 12 月 26 日，办公室报销日常费用（如表 6-45 所示），以现金支付。要求：①出纳办理付款业务；②制单会计编制记账凭证（记账凭证编号为记字第 97 号）；③复核会计复核记账凭证；④出纳登记日记账。

表 6-45

浙江省国家税务局通用机打发票

发票联

同意支付 叶一凡 2014.12.25

发票代码：233001171133

发票号码：00184037

开票日期：2014-12-18

行业分类：货物销售

购货方名称：青川轴承有限责任公司	销货方名称：青川世纪联华超市
购货方地址或电话：0576-2265387	销货方地址或电话：0576-2361457
购货人识别号：330321321000788	销货方识别号：330321321235467
购货方银行及账号：农行青川川北支行 666104005856	
	销货方银行及账号：中行大洋支行 122364132644

货物名称	数量	单价	金额
办公用品			278.00

审核专用章

青川世纪联华超市
330321321235467
发票专用章

开票金额（大写）：贰佰柒拾捌元整   ¥278.00

开票人：江娟	收款人：刘丽	收款单位盖章

注：办公用品直接交付使用。

第一联：发票联 付款方记账凭证（手工无效）

16．2014 年 12 月 26 日，李英报销差旅费。要求：①出纳办理报销业务；②制单会计编制记账凭证（记账凭证编号为记字第 99 号）；③复核会计复核记账凭证；④出纳登记日记账（收据、报销单如表 6-46～表 6-49 所示）。

表 6-46

收 款 收 据

年　月　日   No1154942

交款单位		交款方式									
人 民 币（大写）					十	万	千	百	十	元	角	分
交款事由											

收款单位：　　　　主管：　　　　　　出纳：　　　　　　经手人：

第一联：存根联

表 6-47

收 款 收 据

年　月　日   No1154942

交款单位		交款方式									
人 民 币（大写）					十	万	千	百	十	元	角	分
交款事由											

收款单位：　　　　主管：　　　　　　出纳：　　　　　　经手人：

第二联：收据联

表 6-48

收 款 收 据

年　月　日   No1154942

交款单位		交款方式									
人 民 币（大写）					十	万	千	百	十	元	角	分
交款事由											

收款单位：　　　　主管：　　　　　　出纳：　　　　　　经手人：

第三联：记账联

表 6-49   差旅费报销单

报销日期　2014 年 12 月 26 日

部门	办公室	出差人	李英	事由		上海开会				
出差日期	起止地点	飞机	火车	汽车	市内交通费	住宿费	补贴	其他	合计	单据
12 月 19 日	青川至上海	599.00			150.00	980.00	300.00	2500.00	4529.00	8
12 月 23 日	上海至青川	599.00			120.00				719.00	2
	至									
合　　计		￥1 198.00			￥270.00	￥980.00	￥300.00	￥2 500.00	￥5 248.00	10
报销金额	人民币(大写)伍仟贰佰肆拾捌元整						(小写)￥5 248.00			
原借款	￥5 000.00	报销额	￥5 248.00	应退				应补	￥248.00	
财会审核意见	审核专用章	审批人意见		同意报销 金钱进 2014.12.26						

注：附 10 张单据略。

17. 2014 年 12 月 26 日,企业以转账支票归还前欠青川工具制造有限公司货款 64 206 元。要求：①出纳签发转账支票,办理转账业务；②制单会计编制记账凭证(记账凭证编号为记字第 101 号)；③复核会计复核记账凭证；④出纳登记日记账(空白转账支票如表 6-50 所示)。

表 6-50（正面）   中国农业银行转账支票

中国农业银行 转账支票存根 20203320 00165421 附加信息 _____ _____ 出票日期　年 月 日 收款人： 金　额： 用　途： 单位主管　　会计	付款期限自出票之日起十天	⊛ 中国农业银行　转账支票　　20203320 00165421

出票日期（大写）　　年　　月　　日　　付款行名称
收款人：　　　　　　　　　　　　　　　出票人账号

人民币 （大写）	亿	千	百	十	万	千	百	十	元	角	分

用途：_____　　密码：_____

上列款项请从
我账户内支付

出票人签章　　　　　　　复核　　　记账

表 6-50(背面)

附加信息:	被背书人	被背书人	（粘贴单处）
			根据《中华人民共和国票据法》等法律、法规的规定,签发空头支票由中国人民银行处以票面金额5%但不低于1000元的罚款。
	背书人签章 　年　月　日	背书人签章 　年　月　日	

18. 2014 年 12 月 26 日,企业销售 2 号轴承一批,收到银行承兑汇票一张,其余款暂欠,运费由销货方负担。要求:①出纳审核收到的银行承兑汇票并复印;②出纳签发转账支票支付运费;③制单会计编制记账凭证(记账凭证编号为记字第 106 和 107 号);④复核会计复核记账凭证;⑤出纳登记日记账(发票、银行承兑汇票和转账支票如表 6-51～表 6-56 所示)。

表 6-51
3300144140

浙江增值税专用发票

此联不作报销、扣税凭证使用

No18700560

开票日期:2014 年 12 月 26 日

购买方	名　　　　称:滨川机电设备进出口公司 纳税人识别号:3308010016666553 地址、电话:滨川市城北路 29 号 0578-2211888 开户行及账号:建行滨川城北支行 335432222111	密码区	(略)

货物或应税劳务、服务名称	规格型号	单位	数量	单价	金额	税率	税额
2 号轴承		套	200	1 500.00	300 000.00	17%	51 000.00
合计					￥300 000.00		￥51 000.00

价税合计(大写)	⊗叁拾伍万壹仟元整	(小写)￥351 000.00

销售方	名　　　　称:青川轴承有限责任公司 纳税人识别号:330321321000788 地址、电话:青川市川北路 9 号 0576-2265387 开户行及账号:农行青川川北支行 666104005856	备注	

收款人:赵慧娜　　　　复核:张小宝　　　　开票人:王丽平　　　　销售方:(章)

第一联:记账联　销售方记账凭证

表 6-52(正面)　　　　**银行承兑汇票　2**

10200052
21175553

出票日期(大写)　贰零壹肆年玖月贰拾日

出票人全称	上海昌源机床有限公司	收款人	全　　称	滨川机电设备进出口公司
出票人账号	335402116354		账　号	335432222111
付款行全称	建行上海黄浦支行		开户银行	建行滨川城北支行

汇票金额	人民币 (大写)	叁拾万零伍仟叁佰元整	亿	千	百	十	万	千	百	十	元	角	分
					￥	3	0	5	3	0	0	0	0

汇票到期日 (大写)	贰零壹伍年零贰月贰拾日	付款行	行号	12
承兑协议编号	210089		地址	上海城北路 236 号

本汇票请你行承兑,到期无条件支付。

本汇票已经承兑,到期日由本行付款。　密押

上海昌源机床有限公司财务专用章　来王印福

出票人签章

中国建设银行上海黄浦支行汇票专用章

承兑行签章　承兑日期　年　月　日　2014.09.20

强赵印军

复核　记账

此联承兑行留存备查,到期支付票款时作借方凭证附件

104

表 6-52（背面）

被背书人：青川轴承有限责任公司	被背书人：	
滨川机电设备 进出口公司 财务专用章　　福王印进		粘贴单处
背书人签章 2014 年 12 月 25 日	背书人签章 年　月　日	

表 6-53（正面）　　　　　　**银行承兑汇票**　**2**　　　　10200052
　　　　　　　　　　　　　　　　　　　　　　　　　　　　　　　　21175553

出票日期（大写）　贰零壹肆年零玖月贰拾日

出票人全称	上海昌源机床有限公司	收款人	全称	滨川机电设备进出口公司
出票人账号	335402116354		账号	335432222111
付款行全称	建行上海黄浦支行		开户银行	建行滨川城北支行

汇票金额	人民币（大写） 叁拾万零伍仟叁佰元整	亿 千 百 十 万 千 百 十 元 角 分 ¥ 3 0 5 3 0 0 0 0

汇票到期日（大写）	贰零壹伍年零贰月贰拾日	付款行	行号	12
承兑协议编号	210089		地址	上海城北路 236 号

本汇票请你行承兑，到期无条件支付。	本汇票已经承兑，到期日由本行付款	密押
上海昌源机床有限公司财务专用章　来王印福　出票人签章	中国建设银行上海黄浦支行 承兑行签章 汇票专用章 2014.09.20 承兑日期　年　月　日	军赵印强 复核　记账

表 6-54　　　　　　**货物运输业增值税专用发票**
3300144230　　　　　　**发票联**

　　　　　　　　　　　　　　　　　　　　　　№80154349
　　　　　　　　　　　　　　　　　　开票日期：2014 年 12 月 06 日

承运人及纳税人识别号	青川市长途货运公司 330321321000564	密码区	（略）	
实际受票方及纳税人识别号	青川轴承有限责任公司 330321321000788			
收货人及纳税人识别号	滨川机电设备进出口公司 3308010016666553	发货人及纳税人识别号	青川轴承有限责任公司 330321321000788	
起运地、经由、到达地		青川——滨川		

费用项目及金额	费用项目 运输费用	金额 1 981.98	运输货物信息	材料 青川市长途货运公司 330321321000564 发票专用章
合计金额 ¥1 981.98	税率 11%	税额 ¥218.02	机器编号 223546373829	
价税合计（大写）	⊗贰仟贰佰元整		（小写）¥2 200.00	
车种车号		车船吨位	备注	
主管税务机关及代码	青川国家税务局中山分局 883007789			

收款人：张好　　　复核：李华　　　开票人：高兰英　　　承运人：（章）

表 6-53（背面）

被背书人：青川轴承有限责任公司	被背书人：	
（滨川机电设备进出口公司财务专用章）（福王印进）		粘贴单处
背书人签章 2014 年 12 月 25 日	背书人签章 年　月　日	

表 6-55
3300144230

货物运输业增值税专用发票

抵 扣 联

No 80154349

开票日期：2014 年 12 月 06 日

承运人及 纳税人识别号	青川市长途货运公司 330321321000564	密 码 区	（略）	
实际受票方及 纳税人识别号	青川轴承有限责任公司 330321321000788			
收货人及 纳税人识别号	滨川机电设备进出口公司 3308010016666553	发货人及 纳税人识别号	青川轴承有限责任公司 330321321000788	
起运地、经由、到达地		青川——滨川		

费 用 项 目 及 金 额	费用项目　　金额 运输费用　　1 981.98	运 输 货 物 信 息	材料 330321321000564

合计金额	￥1 981.98	税率	11%	税额	￥218.02	机器编号	223546373829
价税合计（大写）	⊗贰仟贰佰元整					（小写）￥2 200.00	

车种车号		车船吨位		备 注	
主管税务机关 及代码	青川国家税务局中山分局 883007789				

收款人：张好　　　　复核：李华　　　　开票人：高兰英　　　　承运人：（章）

第二联：抵扣联　受票方扣税凭证

表 6-56（正面）　　　　**中国农业银行转账支票**

中国农业银行 转账支票存根 20203320 00165422	付 款 期 限 自 出 票 之 日 起 十 天	中国农业银行　转账支票		20203320 00165422

附加信息

出票日期　年　月　日

收款人：

金　额：

用　途：

单位主管　会计

出票日期（大写）　年　月　日　付款行名称

收款人：　　　　　　　出票人账号

人民币
（大写）　　亿 千 百 十 万 千 百 十 元 角 分

用途：＿＿＿＿　密码：＿＿＿＿

上列款项请从
我账户内支付

出票人签章　　　　复核　　　记账

---

19. 2014 年 12 月 26 日，企业销售 1 号轴承一批，收到转账支票一张，商品自提。要求：①出纳审核收到的转账支票，填写进账单，办理进账；②制单会计编制记账凭证（记账凭证编号为记字第 116 号）；③复核会计复核记账凭证；④出纳登记日记账（发票、支票、进账单如表 6-57～表 6-61 所示）。

表 6-56（背面）

附加信息：	被背书人	被背书人	（粘贴单处）
			根据《中华人民共和国票据法》等法律、法规的规定，签发空头支票由中国人民银行处以票面金额 5‰ 但不低于 1000 元的罚款。
	背书人签章 年　月　日	背书人签章 年　月　日	

表 6-57

3300144140

浙江增值税专用发票

此联不作报销、扣税凭证使用

No 18700561

开票日期：2014 年 12 月 26 日

税总函[2014]102 号　江南票务印刷公司承印

购买方	名　　　称：青川市五金公司 纳税人识别号：330321321003333 地址 、电话：青川市城北路 3 号 0576-2211866 开户行及账号：工行青川城北支行 222104112222	密码区	（略）

货物或应税劳务、服务名称	规格型号	单位	数量	单价	金额	税率	税额
1 号轴承		套	100	1 600.00	160 000.00	17％	27 200.00
合计					¥160 000.00		¥27 200.00

价税合计（大写）	⊗壹拾捌万柒仟贰佰元整	（小写）¥187 200.00

销售方	名　　　称：青川轴承有限责任公司 纳税人识别号：330321321000788 地址 、电话：青川市川北路 9 号 0576-2265387 开户行及账号：农行青川川北支行 666104005856	备注	青川轴承有限责任公司 330321321000788 发票专用章

收款人：赵慧娜　　　　复核：张小宝　　　　开票人：王丽平　　　　销售方：（章）

第一联：记账联　销售方记账凭证

表 6-58（正面）

Ⓘ 中国工商银行 转账支票

10203320

00166500

出票日期（大写）贰零壹肆年壹拾贰月贰拾陆日

收款人：青川轴承有限责任公司

付款行名称工行青川城北支行

出票人账号 222104112222

付款期限自出票之日起十天

人民币 （大写）	壹拾捌万柒仟贰佰元整	亿	千	百	十	万	千	百	十	元	角	分
				¥	1	8	7	2	0	0	0	0

用途：购货款　　　　密码：

上列款项请从
我账户内支付

青川市五
金公司财
务专用章

福张
印永

出票人签章　　　　复核　　　　记账

表 6-58（背面）

附加信息：	被背书人	被背书人	（粘贴单处）
	背书人签章 年　月　日	背书人签章 年　月　日	

表 6-59

中国农业银行进账单（回单） **1**

年 月 日

出票人	全　称		收款人	全　称		
	账　号			账　号		
	开户银行			开户银行		

金额	人民币（大写）		亿	千	百	十	万	千	百	十	元	角	分

票据种类		票据张数	
票据号码			

复核：　　　记账：　　　　　　　　　开户银行签章

表 6-60

中国农业银行进账单（贷方凭证） **2**

年 月 日

出票人	全　称		收款人	全　称		
	账　号			账　号		
	开户银行			开户银行		

金额	人民币（大写）		亿	千	百	十	万	千	百	十	元	角	分

票据种类		票据张数	
票据号码			
备注：			

复核：　　　记账：

表 6-61

中国农业银行进账单（收账通知） **3**

年 月 日

出票人	全 称		收款人	全 称	
	账 号			账 号	
	开户银行			开户银行	

金额	人民币 （大写）			亿	千	百	十	万	千	百	十	元	角	分

票据种类		票据张数	
票据号码			

复核： 记账：　　　　收款人开户银行签章

此联是收款人开户银行给收款人的收账通知

20．2014 年 12 月 28 日，企业将持有的未到期的银行承兑汇票（如表 6-52 所示）到银行贴现，年贴现率为 4.8％。要求：①出纳填写贴现凭证，办理贴现；②制单会计编制记账凭证（记账凭证编号为记字第 125 号）；③复核会计复核记账凭证；④出纳登记日记账（空白贴现凭证如表 6-62～表 6-66 所示）。

表 6-62

贴现凭证（代申请书） **1**

申请日期　年　月　日　　　　　第 2346890 号

申请人	名 称		贴现汇票	种 类		号码	
	账 号			出票日			
	开户银行			到期日			

汇票承兑人 （或银行）	名称		账号			开户银行	

汇票金额 （即贴现金额）	人民币 （大写）			亿	千	百	十	万	千	百	十	元	角	分
贴现率		贴现利息		实付贴现金额	亿	千	百	十	万	千	百	十	元	角	分

汇票申请贴现，请审核。	银行审批	科目（借）： 对方科目（贷）： 复核： 记账：
持票人签章	负责人　信贷员	

此联银行贴现作借方凭证

表 6-63

贴现凭证(贷方凭证) 2

申请日期　年　月　日　　　　　　第 2346890 号

申请人	名　称		贴现汇票	种　类		号码	
	账　号			出票日			
	开户银行			到期日			

汇票承兑人（或银行）	名称		账号			开户银行	

汇票金额（即贴现金额）	人民币（大写）			亿	千	百	十	万	千	百	十	元	角	分

贴现率		贴现利息		实付贴现金额	亿	千	百	十	万	千	百	十	元	角	分

备注：	科目(借)： 对方科目(贷)： 复核：　记账：

此联银行作持票人账户贷方凭证

表 6-64

贴现凭证(贷方凭证) 3

申请日期　年　月　日　　　　　　第 2346890 号

申请人	名　称		贴现汇票	种　类		号码	
	账　号			出票日			
	开户银行			到期日			

汇票承兑人（或银行）	名称		账号			开户银行	

汇票金额（即贴现金额）	人民币（大写）			亿	千	百	十	万	千	百	十	元	角	分

贴现率		贴现利息		实付贴现金额	亿	千	百	十	万	千	百	十	元	角	分

备注：	科目(借)： 对方科目(贷)： 复核：　记账：

此联银行作贴现利息贷方凭证

表 6-65

贴现凭证（收账通知）　　4

申请日期　　年 月 日

申请人	名　称		贴现汇票	种　类		号码	
	账　号			出票日			
	开户银行			到期日			

汇票承兑人（或银行）	名称		账号		开户银行	

汇票金额（即贴现金额）	人民币（大写）		亿	千	百	十	万	千	百	十	元	角	分

贴现率		贴现利息		实付贴现金额	亿	千	百	十	万	千	百	十	元	角	分

上述款项已划入你单位账户。 此致 　　　　银行盖章 　　　　年 月　日	备注：

此联银行给贴现申请人的收账通知

表 6-66

贴现凭证（到期卡）　　5

申请日期　　年 月 日

申请人	名　称		贴现汇票	种　类		号码	
	账　号			出票日			
	开户银行			到期日			

汇票承兑人（或银行）	名称		账号		开户银行	

汇票金额（即贴现金额）	人民币（大写）		亿	千	百	十	万	千	百	十	元	角	分

贴现率		贴现利息		实付贴现金额	亿	千	百	十	万	千	百	十	元	角	分

备注：	科目（借）： 对方科目（贷）： 复核：　　记账：

此联会计部门按到期日排列保管，到期日作贴现贷方凭证

21. 2014 年 12 月 28 日,提现金 130 570.50 元备发工资。要求：①出纳填写现金支票,办理取现业务；②制单会计编制记账凭证(记账凭证编号为记字第 127 号)；③复核会计复核记账凭证；④出纳登记日记账(空白现金支票如表 6-67 所示)。

表 6-67(正面)　　　　　　　　　　　　中国农业银行现金支票

中国农业银行 现金支票存根 20203310 00065489 附加信息 _____ _____ 出票日期　年　月　日 收款人： 金　额： 用　途： 单位主管　　会计	付款期限自出票之日起十天	中国农业银行　　现金支票　　20203310 　　　　　　　　　　　　　　　　　00065489 出票日期(大写)　　年　月　日　付款行名称 收款人：　　　　　　　　　　　出票人账号

人民币
(大写)

	亿	千	百	十	万	千	百	十	元	角	分

用途：_____　　密码：_____

上列款项请从
我账户内支付

出票人签章　　　　　　　　复核　　　记账

22. 2014 年 12 月 28 日,以现金发放工资。要求：①出纳办理付款业务；②制单会计编制记账凭证(记账凭证编号为记字第 130 号)；③复核会计复核记账凭证；④出纳登记日记账(工资单如表 6-68 所示)。

表 6-68　　　　　　　　　　　　　　工资结算表
2014 年 11 月 30 日

序号	姓名	基本工资	津贴	应发工资	扣款项目					实发工资
					个人所得税	养老 8%	医疗 2%	失业 0.5%	合计	
1	金钱进	2 700.00	1 500.00	4 200.00	5.33	200.00	50.00	12.5	267.83	3 932.17
2	李建国	2 600.00	1 500.00	4 100.00	3.08	190.00	47.5	11.88	252.46	3 847.54
3	刘军	1 500.00	840.00	2 340.00		162.00	40.50	10.13	212.63	2 127.37
	⋮	⋮	⋮	⋮	⋮	⋮	⋮	⋮	⋮	⋮
合计		76 383.20	64 221.00	140 604.20	8.41	7 638.32	1 909.58	477.39	10 033.70	130 570.50

总经理：金钱进　　　　财务经理：叶一凡　　　　复核：张小宝　　　　制表：李玉良

表 6-67（背面）

附加信息：		（粘贴单处）	根据《中华人民共和国票据法》等法律、法规的规定,签发空头支票由中国人民银行处以票面金额5‰但不低于1000元的罚款。
	收款人签章 年　月　日		
	身份证件名称：　　　　发证机关：		
	号 码		

23. 2014 年 12 月 30 日,企业以转账支票支付广告费。要求:①出纳签发转账支票,办理转账业务;②制单会计编制记账凭证(记账凭证编号为记字第 146 号);③复核会计复核记账凭证;④出纳登记日记账(转账支票、发票如表 6-69~表 6-71 所示)。

表 6-69(正面)　　　　　　　　中国农业银行转账支票

中国农业银行 转账支票存根 20203320 00165423 附加信息 ＿＿＿＿＿＿＿ 出票日期　年　月　日 收款人: 金　额: 用　途: 单位主管　会计	付款期限自出票之日起十天

中国农业银行　**转账支票**　20203320　00165423

出票日期(大写)　　年　　月　　日　　付款行名称

收款人:　　　　　　　　　　　　　　出票人账号

人民币 (大写)	亿	千	百	十	万	千	百	十	元	角	分

用途:＿＿＿＿＿　　密码:＿＿＿＿＿

上列款项请从
我账户内支付

出票人签章　　　　　　　复核　　　　记账

表 6-70　　　　　　　　　浙江增值税专用发票
3300144140　　　　　　　　　发票联　　　　　　　No00673800

开票日期:2014 年 12 月 30 日

购买方	名　称: 青川轴承有限责任公司 纳税人识别号:330321321000788 地址、电话:青川市川北路 9 号 0576-2265387 开户行及账号:农行青川川北支行 666104005856	密码区	(略)

货物或应税劳务、服务名称	规格型号	单位	数量	单价	金额	税率	税额
广告设计及制作		块	1	2 169.81	2 169.81	6%	130.19
合计					￥2 169.81		￥130.19

价税合计(大写)	⊗贰仟叁佰元整	(小写)￥2 300.00

销售方	名　称: 青川百佳广告公司 纳税人识别号:330321321235321 地址、电话:青川市川南路 18 号 0579-2200368 开户行及账号:建行青川城南支行 3650220548100	备注	青川百佳广告公司 330321321235321 发票专用章

收款人:江明　　复核:王丽　　开票人:高军　　销售方:(章)

税总函[2014]102 号　临海华森实业公司

第三联:发票联　购买方记账凭证

113

表 6-69（背面）

附加信息：	被背书人	被背书人	（粘贴单处）
			根据《中华人民共和国票据法》等法律、法规的规定,签发空头支票由中国人民银行处以票面金额5%但不低于1000元的罚款。
	背书人签章 年　月　日	背书人签章 年　月　日	

表 6-71

浙江增值税专用发票

3300144140

抵扣联

No.00673800

开票日期：2014 年 12 月 30 日

税总函[2014]102 号　临海华森实业公司

第二联：抵扣联　购买方扣税凭证

购买方	名　　　称：青川轴承有限责任公司 纳税人识别号：330321321000788 地址、电话：青川市川北路 9 号 0576-2265387 开户行及账号：农行青川川北支行 666104005856					密码区	（略）		
货物或应税劳务、服务名称	规格型号	单位	数量	单价	金额		税率	税额
广告设计及制作		块	1	2 169.81	2 169.81		6％	130.19
合计					￥2 169.81			￥130.19

价税合计（大写）	⊗贰仟叁佰元整	（小写）￥2 300.00

销售方	名　　　称：青川百佳广告公司 纳税人识别号：330321321235321 地址、电话：青川市川南路 18 号 0579-2200368 开户行及账号：建行青川城南支行 3650220548100	备注	青川百佳广告公司 330321321235321 发票专用章

收款人：江明　　　复核：王丽　　　开票人：高军　　　销售方：（章）

24. 2014 年 12 月 31 日，企业清查小组对现金进行年末盘点。要求：①出纳协助清点小组进行盘点；②制单会计编制记账凭证（记账凭证编号为记字第 157 号、158 号）；③复核会计复核记账凭证；④出纳登记日记账（盘点表如表 6-72 所示，审批前的盘点报告表略）。

表 6-72　　　　库存现金盘点报告表

单位名称：青川轴承有限责任公司　　　2014 年 12 月 31 日　　　　单位：元

面值	数量	金额		
100 元	50	5 000.00	主管批准	总经理：金钱进 同意处理 2014.12.31
50 元	23	1 150.00		
20 元	18	360.00		
10 元	86	860.00		主管经理（兼主管）：叶一凡
5 元	36	180.00		盘亏 7 元属尾差造成，作管理费用处理。2014.12.31
1 元	17	17.00		
5 角	12	6.00		
1 角				
合计		7 561.00		
账面数		7 568.00		
盘点盈亏		盘亏 7 元		

上列款项于 12 月 31 日盘点，盘点时本人在场，确认无误。

出纳：赵慧娜　　　　主管：叶一凡　　　　盘点人：李杰

25. 2014 年 12 月 31 日,出纳收到银行转来的对账单(如表 6-73 所示)。要求:①进行核对,找出未达账项,编制银行存款余额调节表(空白表如表 6-74 所示);②复核会计进行复核。

表 6-73   **中国农业银行对账单**

单位名称:青川轴承有限责任公司   打印时间:20141231 16:30

日期	票据号	摘要	借方金额	贷方金额	余额
20141201		期初余额			1 369 567.45
20141202	现支 00065487	现金支出	5 000.00		1 364 567.45
20141202	汇票 20088059	办理银行汇票	250 000.00		1 114 567.45
20141202		手续费	1.00		1 114 566.45
20141202		工本费	0.50		1 114 565.95
20141202	网银 03625948	转账收入		332 222.00	1 446 787.95
20141204	转支 02265056	转账支出	80 000.00		1 366 787.95
20141206	现支 00065488	现金支出	5 000.00		1 361 787.95
20141206	网银 56056432	转账支出	110 000.00		1 251 787.95
20141206	网银 56056432	手续费	0.50		1 251 787.45
20141206	网银 56056432	电子汇划费	15.00		1 251 772.45
20141208	汇票 30088066	转账收入		614 250.00	1 866 022.45
20141210	本票 20471917	办理银行本票	100 000.00		1 766 022.45
20141210		手续费	1.00		1 766 021.45
20141210		工本费	0.20		1 766 021.25
20141213	汇票 20088059	银行汇票余款		16 000.00	1 782 021.25
20141215	同城特约 56487912	费用	590.00		1 781 431.25
20141215	一户通 56321	一户通税、费	32 652.10		1 748 779.15
20141215	一户通 56322	一户通税、费	13 141.72		1 735 637.43
20141215	一户通 56323	一户通税、费	105 500.00		1 630 137.43
20141223	LX7789654	利息		1 021.58	1 631 159.01
20141226	转支 02136500	转账收入		187 200.00	1 818 359.01
20141228	TX2346890	贴现		302 979.72	2 121 338.73
20141228	现支 00065489	现金支出	130 570.50		1 990 768.23
20141229	转支 00165421	转账支出	64 206.00		1 926 562.23
		本月合计	896 678.53	1 453 673.3	1 926 562.23

尊敬的客户,现将对账单送上,请予核对。如有不符请务必于十五日内与我行联系,否则银行将视本对账单无误。谢谢!

表 6-74   **银行存款余额调节表**

编制单位：

账号：   年　月　日   单位：元

项　　目	金　额	项　　目	金　额
企业银行存款日记账余额		银行对账单余额	
加：银行已收，企业未收		加：企业已收，银行未收	
减：银行已付，企业未付		减：企业已付，银行未付	
调节后的余额		调节后的余额	

　　　　　　　　复核：　　　　　　　　　　　　　　　　制表人：

26. 2014 年 12 月 31 日，出纳编制出纳报告单（每月编一次，空白出纳报告单如表 6-75 所示）。

表 6-75   **出纳报告单**

单位名称：   年　月　日至　年　月　日   编号：

项　　目	上期结存	本期收入	本期支出	本期结存
库存现金				
银行存款				
其中：基本账户				
一般账户				
专用账户				
其他货币资金				
其中：				
合　　计				

主管：　　　　　　记账：　　　　　　出纳：　　　　　　复核：　　　　　　制单：

27. 2014 年 12 月 31 日，出纳对日记账进行月结、年结。

28. 2015 年 1 月 1 日，出纳建立现金日记账、银行存款日记账（空白账页如表 6-76～表 6-78 所示）。

表 6-76（正面） 现金日记账 第 1 页

年		凭证		摘　　要	对方科目	收入（借方）	支出（贷方）	结余（余额）
月	日	种类	号数					

表 6-77（正面） 银行存款日记账 第 1 页

开户银行：　　　　　　　　　　　　　　　　　　　　　　　　　　　　账号：

年		凭证		结算凭证		摘　　要	对方科目	借方	贷方	结余
月	日	种类	号数	种类	号数					

表 6-76（背面）　　　　　　　　　　　　　　　　　　　　　　　　　第 2 页

年		凭证		摘　要	对方科目	收入（借方）	支出（贷方）	结余（余额）
月	日	种类	号数					

表 6-77（背面）　　　　　　　　　　　　　　　　　　　　　　　　　第 2 页

开户银行：　　　　　　　　　　　　　　　　　　　　　　　　　　账号：

年		凭证		结算凭证		摘　要	对方科目	借方	贷方	结余
月	日	种类	号数	种类	号数					

表 6-78　　　　　　　　　　　　　　银行存款日记账　　　　　　　　　　　　第 1 页

开户银行：　　　　　　　　　　　　　　　　　　　　　　　账号：

年		凭证		结算凭证		摘　　要	对方科目	借方	贷方	结余
月	日	种类	号数	种类	号数					

29. 2015 年 1 月 8 日，企业销售 1 号轴承钢，采用托收承付（邮划）结算，合同号 021235，验货付款，以转账支票垫付运费。要求：①出纳签发转账支票，垫付运费；②出纳填制托收凭证，办理托收；③制单会计编制记账凭证（记账凭证编号为记字第 12 号）；④复核会计复核记账凭证；⑤出纳登记日记账（专用发票记账联、支票、托收凭证和运费发票如表 6-79～表 6-87 所示，专用发票发票联、抵扣联略）。

表 6-79　　　　　　　　　　　**浙江增值税专用发票**

3300144140　　　　　　　此联不作报销、扣税凭证使用　　　　　　№18700561

开票日期：2015 年 01 月 08 日

税总函[2014]102 号　江南票务印刷公司承印

购买方	名　　称：江州市机电设备进出口公司 纳税人识别号：330661321003333 地　址、电话：江州市江北路 3 号 0579-2211866 开户行及账号：建行江州江北支行 335432888111				密码区	（略）		
货物或应税劳务、服务名称	规格型号	单位	数量	单价	金额	税率	税额	
1 号轴承		套	60	1 700.00	102 000.00	17%	17 340.00	
合　计					￥102 000.00		￥17 340.00	
价税合计（大写）	⊗壹拾壹万玖仟叁佰肆拾元整					（小写）￥119 340.00		
销售方	名　　称：青川轴承有限责任公司 纳税人识别号：330321321000788 地　址、电话：青川市川北路 9 号 0576-2265387 开户行及账号：农行青川川北支行 666104005856				备注			

第一联：记账联　销售方记账凭证

收款人：赵慧娜　　　　复核：张小宝　　　　开票人：王丽平　　　　销售方：（章）

118

表 6-80（正面）　　　　　中国农业银行转账支票

中国农业银行
转账支票存根

20203320
00165424

附加信息
_____

出票日期　年 月 日

收款人：	
金　额：	
用　途：	

单位主管　会计

付款期限自出票之日起十天

| 中国农业银行　转账支票 | 20203320 |
| | 00165424 |

出票日期（大写）　　年　　月　　日　　付款行名称

收款人：　　　　　　　　　　　　　　　出票人账号

人民币（大写）	亿	千	百	十	万	千	百	十	元	角	分

用途：_____　　密码：_____

上列款项请从
我账户内支付

出票人签章　　　　　　　　复核　　　　记账

表 6-81

托收凭证（受理回单）　1

委托日期　　年 月 日

业务类型		委托收款（□邮划、□电划）　　托收承付（□邮划、□电划）										
付款人	全称				收款人	全称						
	账号					账号						
	地址	省　　市县　开户行				地址	省　　市县　开户行					

金额	人民币（大写）			亿	千	百	十	万	千	百	十	元	角	分

款项内容		托收凭证名称		附寄单据张数	
商品发运情况			合同名称号码		

备注：　　　　　　　　　款项收妥日期

　　　　　　　　　　　　　　　　　　　　收款人开户银行盖章

复核　　　记账　　　　　年 月 日　　　　　年 月 日

此联是收款人开户银行给收款人的受理回单

表 6-80（背面）

附加信息：	被背书人	被背书人	（粘贴单处）
			根据《中华人民共和国票据法》等法律、法规的规定，签发空头支票由中国人民银行处以票面金额 5％但不低于 1000 元的罚款。
	背书人签章 年　月　日	背书人签章 年　月　日	

表 6-82

托收凭证（贷方凭证） **2**

委托日期　年 月 日

业务类型	委托收款（□邮划、□电划）		托收承付（□邮划、□电划）											
付款人	全称			收款人	全称									
	账号				账号									
	地址	省　市县　开户行			地址	省　市县　开户行								
金额	人民币（大写）					亿	千	百	十	万	千	百	十	元 角 分
款项内容		托收凭证名称				附寄单据张数								
商品发运情况				合同名称号码										
备注：		上述款项随附有关债务证明,请予办理。												
收款人开户银行收到日期　年 月 日				收款人签章		复核　　记账								

此联是收款人开户银行作贷方凭证

表 6-83

托收凭证（借方凭证） **3**

委托日期　年 月 日　　　　付款期限　年 月 日

业务类型	委托收款（□邮划、□电划）		托收承付（□邮划、□电划）											
付款人	全称			收款人	全称									
	账号				账号									
	地址	省　市县　开户行			地址	省　市县　开户行								
金额	人民币（大写）					亿	千	百	十	万	千	百	十	元 角 分
款项内容		托收凭证名称				附寄单据张数								
商品发运情况				合同名称号码										
备注：														
付款人开户银行收到日期　年 月 日		收款开户银行签章　年 月 日				复核　　记账								

此联付款人开户银行作借方凭证

表 6-84

托收凭证（汇款依据或收账通知） 4

委托日期　年　月　日　　　　付款期限　年　月　日

业务类型	委托收款（□邮划、□电划）　　托收承付（□邮划、□电划）											

付款人	全称			收款人	全称		
	账号				账号		
	地址	省　市县　开户行			地址	省　市县　开户行	

金额	人民币（大写）		亿	千	百	十	万	千	百	十	元	角	分

款项内容		托收凭证名称		附寄单据张数	

商品发运情况		合同名称号码	

备注：　　　　　　　　上述款项已划回收入你方账户内。   　　　　　　　　　　收款人开户银行签章 　　　　　　　　　　　年　月　日 复核　　记账

此联付款人开户银行凭以汇款或收款人开户银行作收账通知

表 6-85

托收凭证（付款通知） 5

委托日期　年　月　日　　　　付款期限　年　月　日

业务类型	委托收款（□邮划、□电划）　　托收承付（□邮划、□电划）											

付款人	全称			收款人	全称		
	账号				账号		
	地址	省　市县　开户行			地址	省　市县　开户行	

金额	人民币（大写）		亿	千	百	十	万	千	百	十	元	角	分

款项内容		托收凭证名称		附寄单据张数	

商品发运情况		合同名称号码	

备注： 付款人开户银行收到日期 　　年　月　日 　　复核　　记账 　　　付款人开户银行签章 　　　　　年　月　日	付款人注意： 1. 根据《支付结算办法》规定，上列托收款项，如超过承付期限未提出拒付，即视同全部承付。以此联代付款通知。 2. 如系全部或部分拒付，应在承付期限内另填拒绝承付理由书送银行办理。

此联付款人开户银行给付款人按期付款通知

表 6-86
3300144230

货物运输业增值税专用发票

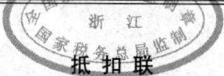

发 票 联

No80159349

开票日期：2015 年 01 月 08 日

承运人及 纳税人识别号	青川市长途货运公司 330321321000564	密码区	（略）		
实际受票方及 纳税人识别号	青川轴承有限责任公司 330321321000788				
收货人及 纳税人识别号	江州市机电设备进出口公司 330661321003333	发货人及 纳税人识别号	青川轴承有限责任公司 330321321000788		
起运地、经由、到达地		青川——滨川			
费用项目及金额	费用项目　　金额 运输费用　　1 153.15	运输货物信息	材料 330321321000564		
合计金额 ￥1 153.15	税率 11% 税额 ￥126.85	机器编号 223546373829			
价税合计（大写） ⊗壹仟贰佰捌拾元整		（小写）￥1 280.00			
车种车号	车船吨位	备注			
主管税务机关 及代码	青川国家税务局中山分局 883007789				

收款人：张好　　　复核：李华　　　开票人：高兰英　　　承运人：（章）

第三联：发票联　受票方记账凭证

表 6-87
3300144230

货物运输业增值税专用发票

抵 扣 联

No80159349

开票日期：2015 年 12 月 08 日

承运人及 纳税人识别号	青川市长途货运公司 330321321000564	密码区	（略）		
实际受票方及 纳税人识别号	青川轴承有限责任公司 330321321000788				
收货人及 纳税人识别号	江州市机电设备进出口公司 330661321003333	发货人及 纳税人识别号	青川轴承有限责任公司 330321321000788		
起运地、经由、到达地		青川——滨川			
费用项目及金额	费用项目　　金额 运输费用　　1 153.15	运输货物信息	材料 330321321000564		
合计金额 ￥1 153.15	税率 11% 税额 ￥126.85	机器编号 223546373829			
价税合计（大写） ⊗壹仟贰佰捌拾元整		（小写）￥1 280.00			
车种车号	车船吨位	备注			
主管税务机关 及代码	青川国家税务局中山分局 883007789				

收款人：张好　　　复核：李华　　　开票人：高兰英　　　承运人：（章）

第二联：抵扣联　受票方扣税凭证

30. 2015 年 1 月 8 日,企业取消了从青川钢构有限公司购买的 B 材料的业务,将已签发的银行本票(如表 6-30 所示)办理退票。要求:①出纳填写进账单;②制单会计编制记账凭证(记账凭证编号为记字第 19 号);③复核会计复核记账凭证;④出纳登记日记账(空白进账单如表 6-88~表 6-90 所示)。

表 6-88　　　　　中国农业银行 **进账单**(回单)　**1**

年　月　日

出票人	全　　称		收款人	全　　称	
	账　　号			账　　号	
	开户银行			开户银行	

金额	人民币(大写)		亿	千	百	十	万	千	百	十	元	角	分

票据种类		票据张数	
票据号码			

复核:　　　记账:　　　　　　　开户银行签章

此联是开户银行交持(出)票人的回单

表 6-89　　　　　中国农业银行 **进账单**(贷方凭证)　**2**

年　月　日

出票人	全　　称		收款人	全　　称	
	账　　号			账　　号	
	开户银行			开户银行	

金额	人民币(大写)		亿	千	百	十	万	千	百	十	元	角	分

票据种类		票据张数	
票据号码			
备注:			

复核:　　　记账:

此联由收款人开户银行作贷方凭证

表 6-90

中国农业银行 **进账单**（收账通知） **3**

年 月 日

出票人	全　称		收款人	全　称												此联是收款人开户银行给收款人的收账通知
	账　号			账　号												
	开户银行			开户银行												

金额	人民币（大写）			亿	千	百	十	万	千	百	十	元	角	分	

票据种类		票据张数	
票据号码			

复核：　　　　记账：　　　　　　　　收款人开户银行签章

31. 2015 年 1 月 16 日,收到银行转来的交税费凭证(如表 6-91～表 6-96 所示)。要求：①出纳审核收到的缴税费凭证；②制单会计编制记账凭证（记账凭证编号为记字第 36 号）；③复核会计复核记账凭证；④出纳登记日记账。

表 6-91　　　　　　　　**中国农业银行电子缴税凭证**（客户联）

转账日期：2015 年 1 月 15 日　　　　　凭证字号：8009269

纳税人全称及识别号：青川轴承有限责任公司 236321321000788

付款人全称：青川轴承有限责任公司

付款人账号：666104005856　　　　　征收机关名称：青川市地方税务局(一户通)

付款人开户银行：中国农业银行　　　　收款国库(银行)名称：国家金库青川市支库

小写(合计)金额：￥31 652.10　　　　缴款书交易流水号：8009269

大写(合计)金额：人民币叁万壹仟陆佰伍拾贰元壹角　　税票号码：71100269

税(费)种名称		所属时期	实缴金额
代扣个人所得税	工资、薪金所得	20141201～20141231	8.41
教育费附加		20141201～20141231	900.00
城市维护建设税		20141201～20141231	2 100.00
养老保险费	企业单位缴纳	20141201～20141231	19 095.79
养老保险费	企业职工缴纳	20141201～20141231	7 638.32
失业保险费	企业职工缴纳	20141201～20141231	477.39
失业保险费	企业单位缴纳	20141201～20141231	1 432.19

表 6-92

中国农业银行（青川川北支行）借记通知

流水号：22013015　　　　　　交易日期：2015 年 01 月 15 日

付款单位名称	青川轴承有限责任公司	凭证编号	86344
付款单位账号	666104005856	收款银行	农行青川分行作业中心
收款单位名称	待划转一户通批量清算款	起息日	2015 年 01 月 15 日
收款单位账号	900123654893	金额	RMB31 652.10
交易名称	外围批量入账（日间运行）		
摘要	一户通税、费		

注：如果日期、流水号、账号、摘要、金额相同，系重复打印。经办柜员 696（批处理日间柜）（银行盖章）。

表 6-93

中国农业银行电子缴税凭证（客户联）

转账日期：2015 年 01 月 15 日　　　　　　凭证字号：8009270

纳税人全称及识别号：青川轴承有限责任公司 236321321000788

付款人全称：青川轴承有限责任公司

付款人账号：666104005856　　　　　征收机关名称：青川市地方税务局（一户通）

付款人开户银行：中国农业银行　　　　收款国库（银行）名称：国家金库青川市支库

小写（合计）金额：¥13 101.72　　　　缴款书交易流水号：8009270

大写（合计）金额：壹万叁仟壹佰零壹元柒角贰分　　税票号码：71100270

税（费）种名称		所属时期	实缴金额
工伤保险费_____企业单位缴纳		20141201～20141231	477.40
医疗保险费_____企业职工缴纳		20141201～20141231	1 909.58
医疗保险费_____企业单位缴纳		20141201～20141231	9 547.90
生育保险费_____企业单位缴纳		20141201～20141231	763.83
印花税		20141201～20141231	403.01

表 6-94

中国农业银行（青川川北支行）借记通知

流水号：22013015　　　　　　交易日期：2015 年 01 月 15 日

付款单位名称	青川轴承有限责任公司	凭证编号	86345
付款单位账号	666104005856	收款银行	农行青川分行作业中心
收款单位名称	待划转一户通批量清算款	起息日	2015 年 01 月 15 日
收款单位账号	900123654893	金额	RMB13 101.72
交易名称	外围批量入账（日间运行）		
摘要	一户通税、费		

注：如果日期、流水号、账号、摘要、金额相同，系重复打印。经办柜员 696（批处理日间柜）（银行盖章）。

表 6-95

隶属关系：地方

注册类型：有限责任公司　　转账日期：2015 年 1 月 15 日　　征收机关：直属分局

缴款单位（人）	代码	236321321000788	预算科目	编码	1010103
	全称	青川轴承有限责任公司		名称	增值税、企业所得税
	开户银行	中国农业银行青川川北支行		级次	中央 75％地方 25％
	账号	666104005856	收款国库		国家金库青川中心支库

税款所属时期	2014 年 12 月 1 日至 12 月 31 日		税款限缴日期		2015 年 01 月 15 日
品目名称	课税数量	计税金额或销售收入	税率或单位税额	已缴或扣除额	实缴金额
增值税 企业所得税			17％ 25％		30 000.00 85 500.00

金额合计（大写）⊗壹拾壹万伍仟伍佰元整		￥115 500.00
缴款单位（人）（盖章） 经办人（盖章）	税务机关（盖章） 填票人（章）	上列款项已收妥并划转收款单位账户 2015.01.16 业务专用章 国库（银行）盖章　年　月　日	备注

表 6-96

中国农业银行（青川川北支行）借记通知

流水号：22013015　　交易日期：2015 年 01 月 15 日

付款单位名称	青川轴承有限责任公司	凭证编号	86346
付款单位账号	666104005856	收款银行	农行青川分行作业中心
收款单位名称	待划转—户通批量清算款	起息日	2015 01 月 15 日
收款单位账号	900123654893	金额	RMB115 500.00
交易名称	外围批量入账（日间运行）		
摘要	一户通税、费		

注：如果日期、流水号、账号、摘要、金额相同，系重复打印。经办柜员 696（批处理日间柜）（银行盖章）。

32. 2015 年 1 月 26 日，收到银行转来的托收凭证收款通知（如表 6-97 所示）。要求：①出纳审核收款通知；②制单会计编制记账凭证（记账凭证编号为记字第 74 号）；③复核会计复核记账凭证；④出纳登记日记账。

表 6-97

托收凭证（汇款依据或收账通知） **4**

委托日期 2015 年 01 月 08 日　　　　付款期限 2015 年 1 月 25 日

业务类型	委托收款（□邮划、□电划）			托收承付（☑邮划、□电划）			
付款人	全称	江州市机电设备进出口公司		收款人	全称	青川轴承有限责任公司	
	账号	335432888111			账号	666104005856	
	地址	湖南省 江州市县	开户行 建行江州江北支行		地址	浙江省 青川市县	开户行 农行青川川北支行

金额	人民币（大写）	壹拾贰万零陆佰贰拾元整	亿 千 百 十 万 千 百 十 元 角 分
			￥ 1 2 0 6 2 0 0 0 0

款项内容	货款	托收凭证名称	发票	附寄单据张数	4

商品发运情况	已发运	合同名称号码	021235

备注：验货付款

上述款项已划回收入你方账户内

中国农业银行青川川北支行 2015.01.26 业务专用章

收款人开户银行签章　年　月　日

复核　　记账

此联付款人开户银行凭以汇款或收款人开户银行作收账通知

33. 2015 年 1 月 26 日,销售部门刘俊报销差旅费（如表 6-98 所示）,以现金支付。要求：①出纳办理付款业务；②制单会计编制记账凭证（记账凭证编号为记字第 86 号）；③复核会计复核记账凭证；④出纳登记日记账。

表 6-98　　　　　　　　　差旅费报销单

报销日期　2015 年 01 月 26 日

部门	销售部	出差人	刘俊	事由		宁波开订货会				
出差日期	起止地点	飞机	火车	汽车	市内交通费	住宿费	补贴	其他	合计	单据
12 月 19 日	青川至宁波			156.00	150.00	1 600.00	300.00	1 200.00	3 406.00	9
12 月 23 日	宁波至青川			156.00	120.00				276.00	2
	至									
合　计				￥312.00	￥270.00	￥1 600.00	￥300.00	￥1 200.00	￥3 682.00	11

报销金额	人民币（大写）叁仟陆佰捌拾贰元整	（小写）￥3 682.00	
原借款 审核专用章	报销额 ￥3 682.00	应退	应补
财会审核意见	审批人意见	同意报销 金钱进 2015.1.26	

注：附 11 张单据略。

34. 2015 年 1 月 26 日,企业购 B 材料一批,出纳通过网上银行支付货款。要求: ①出纳办理付款业务;②制单会计编制记账凭证(记账凭证编号为记字第 90 号);③复核会计复核记账凭证;④出纳登记日记账(发票、付款凭证如表 6-99~表 6-101 所示)。

表 6-99

客户借记通知单

交易日期:2015/01/26　　交易机构:03156　　交易流水号:03626948

付款人名称:青川轴承有限责任公司

付款人账号:666104005856

付款人开户行:中国农业银行青川川北支行

收款人名称:中原钢铁股份有限公司

收款人账号:666222005856

收款人开户行:中国农业银行丰原城东支行

金额(小写):CNY468 000.00

金额(大写):人民币肆拾陆万捌仟元整

扣款账号:666104005856

费用明细:对公电子汇划费　　　CNY15.00
　　　　　对公电汇手续费　　　CNY0.5

客户申请号:0057894612

用途:货款

银行摘要:0BS0012300123001 购材料

备注:

此联为客户回单:　　　　　　　　　　　　　　　　　银行盖章:

表 6-100

河北增值税专用发票

1300144140　　　　　　　　　　　　　　　　　　　　　　№02060588

发票联　　　　　　　　　　　　　　　　　开票日期:2015 年 01 月 26 日

购买方	名　　称:青川轴承有限责任公司 纳税人识别号:330321321000788 地址、电话:青川市川北路 9 号 0576-2265387 开户行及账号:农行青川川北支行 666104005856				密码区		(略)		
货物或应税劳务、服务名称	规格型号	单位	数量	单价	金额		税率	税额	
B 材料		吨	200	2 000.00	400 000.00		17%	68 000.00	
合计					¥400 000.00			¥68 000.00	
价税合计(大写)	⊗肆拾陆万捌仟元整					(小写)¥468 000.00			
销售方	名　　称:中原钢铁股份有限公司 纳税人识别号:130120000232687 地址、电话:丰原市江北路 28 号 0318-3241289 开户行及账号:农行丰原城东支行 666222005856				备注				

收款人:张华　　　　　复核:李英　　　　　开票人:刘丽　　　　　销售方:(章)

税总函[2014]102 号　临海华森实业公司

第三联:发票联　购买方记账凭证

表 6-101
1300124140

河北增值税专用发票

抵扣联

No02060588

开票日期：2015 年 01 月 26 日

税总函[2012]102 号　临海华森实业公司

第二联：抵扣联　购买方作抵扣税凭证

购买方	名　　称：青川轴承有限责任公司 纳税人识别号：330321321000788 地址、电话：青川市川北路 9 号 0576-2265387 开户行及账号：农行青川川北支行 666104005856	密码区	（略）

货物或应税劳务、服务名称	规格型号	单位	数量	单价	金额	税率	税额
B 材料		吨	200	2 000.00	400 000.00	17％	68 000.00
合计					￥400 000.00		￥68 000.00

价税合计（大写）	⊗肆拾陆万捌仟元整	（小写）￥468 000.00

销售方	名　　称：中原钢铁股份有限公司 纳税人识别号：130120000232687 地址、电话：丰原市江北路 28 号 0318-3241289 开户行及账号：农行丰原城东支行 666222005856	备注	中原钢铁股份有限公司 130120000232687 发票专用章

收款人：张华　　　　复核：李英　　　　开票人：刘丽　　　　销售方：（章）

35. 2015 年 1 月 29 日，出纳将收到的银行承兑汇票（如表 6-102 所示）背书转让，以归还前欠江州市振兴有限责任公司的货款。要求：①出纳办理背书；②制单会计编制记账凭证（记账凭证编号为记字第 101 号）；③复核会计复核记账凭证。

表 6-102（正面）　　**银行承兑汇票**　2

10200052
21175999

出票日期（大写）　贰零壹肆年壹拾壹月零贰拾日

此联承兑行留存备查，到期支付票款时作借方凭证附件

出票人全称	上海昌源机床有限公司	收款人	全　称	青川轴承有限责任公司
出票人账号	335402116354		账　号	666104005856
付款行全称	建行上海黄浦支行		开户银行	农行青川川北支行

汇票金额	人民币（大写）　贰拾万元整	亿 千 百 十 万 千 百 十 元 角 分 　　　　￥2 0 0 0 0 0 0 0

汇票到期日（大写）	贰零壹伍年零贰月贰拾日	付款行	行号	12
承兑协议编号	210132		地址	上海城北路 236 号

本汇票请你行承兑，到期无条件支付。 上海昌源机床有限公司财务专用章　来王印福出票人签章	本汇票已经承兑，到期日由本行付款。 中国建设银行上海黄浦支行汇票专用章 2014.11.20　承兑行签章	密押 军赵印强 承兑日　年　月　日 复核　记账

表 6-102（背面）

被背书人	被背书人
背书人签章 年　月　日	背书人签章 年　月　日

粘贴单处

36. 2015 年 1 月 29 日,出纳提取现金 5 000 元备用。要求：①出纳填写现金支票,办理取现业务；②制单会计编制记账凭证(记账凭证编号为记字第 104 号)；③复核会计复核记账凭证；④出纳登记日记账(空白现金支票如表 6-103 所示)。

表 6-103(正面)　　　　　　　　　　中国农业银行现金支票

中国农业银行 现金支票存根 20203310 00065490	付款期限自出票之日起十天	⊕ 中国农业银行　**现金支票**　20203310 00065490

37. 2015 年 1 月 31 日,出纳签发转账支票归还前欠青川劳保用品门市的货款 18 000 元。要求：①出纳填写转账支票,办理转账业务；②制单会计编制记账凭证(记账凭证编号为记字第 116 号)；③复核会计复核记账凭证；④出纳登记日记账(空白现金支票如表 6-104 所示)。

表 6-104(正面)　　　　　　　　　　中国农业银行转账支票

表 6-103（背面）

附加信息：		（粘贴单处）
	收款人签章 年　月　日	根据《中华人民共和国票据法》等法律、法规的规定，签发空头支票由中国人民银行处以票面金额 5% 但不低于 1000 元的罚款。
	身份证件名称：　　　　发证机关： 号码 □□□□□□□□□□□□□□□□	

表 6-104（背面）

附加信息：	被背书人	被背书人	（粘贴单处）
			根据《中华人民共和国票据法》等法律、法规的规定，签发空头支票由中国人民银行处以票面金额 5% 但不低于 1000 元的罚款。
	背书人签章 年　月　日	背书人签章 年　月　日	

38. 2015 年 1 月 31 日,出纳收到银行转来的对账单(如表 6-105 所示)。要求:①进行核对,找出未达账项,编制银行存款余额调节表(空白表如表 6-106 所示);②复核会计进行复核。

表 6-105   **中国农业银行对账单**

单位名称:青川轴承有限责任公司   打印时间:20150131   16:30

日期	票据号	摘要	借方金额	贷方金额	余额
20150101		期初余额			1 926 562.23
20150105	转支 00165423	转账支出	2 300.00		1 926 562.23
20150105	转支 00165422	转账支出	2 200.00		1 924 262.23
20150108	转支 00165424	转账支出	1 280.00		1 922 062.23
20150108	本票 20471917	本票退票		100 000.00	1 920 782.23
20150116	一户通 86344	一户通交税费	31 652.10		2 020 782.24
20150116	一户通 86345	一户通交税费	13 101.72		1 989 130.13
20150116	一户通 86346	一户通交税费	115 500.00		1 976 028.41
20150120	托收 3300090401	托收货款		120 620.00	1 860 528.41
20150126	网银 03626948	转账支出	468 000.00		1 981 148.41
20150126	网银 03626948	手续费	0.50		1 513 148.41
20150126	网银 03626948	电子汇划费	15.00		1 513 147.41
20150129	现支 00065490	现金支出	5 000.00		1 513 132.91
20150131		本月合计	639 049.33	220 620	1 508 132.91

尊敬的客户,现将对账单送上,请予核对。如有不符请务必于十五日内与我行联系,否则银行将视本对账单无误。谢谢!

表 6-106   **银行存款余额调节表**

编制单位:

账号: 年 月 日   单位:元

项 目	金 额	项 目	金 额
企业银行存款日记账余额		银行对账单余额	
加:银行已收,企业未收		加:企业已收,银行未收	
减:银行已付,企业未付		减:企业已付,银行未付	
调节后的余额		调节后的余额	

39. 2015 年 1 月 31 日,出纳编制出纳报告单(每月编一次,空白出纳报告单如表 6-107 所示)。

表 6-107 　　　　　　　　　　　**出纳报告单**

单位名称： 　　　　　　　　年　月　日至　年　月　日 　　　　　　　编号：

项　　目	上期结存	本期收入	本期支出	本期结存
库存现金				
银行存款				
其中：基本账户				
一般账户				
专用账户				
其他货币资金				
其中：				
合　计				

主管： 　　　记账： 　　　出纳： 　　　复核： 　　　制单：

40. 2015 年 1 月 31 日,出纳对日记账进行月结。

参考文献

[1] 施海丽.出纳实务[M].2版.北京：清华大学出版社,2014.

[2] 施海丽.出纳实务与实训[M].2版.北京：清华大学出版社,2014.

[3] 施海丽.出纳实务[M].北京：中国金融出版社,2013.

[4] 李华.出纳实务[M].2版.北京：高等教育出版社,2012.

[5] 沈宝燕.出纳员岗位实训[M].2版.北京：高等教育出版社,2012.

[6] 张丽华.出纳岗位操作实务训练[M].厦门：厦门大学出版社.2012.

[7] 林云刚,朱建君.出纳会计实务[M].2版.北京：高等教育出版社,2011.

[8] 王芬.出纳实务[M].上海：立信会计出版社,2011.

[9] 孔德军,王兆水.出纳实务[M].北京：高等教育出版社,2011.

[10] 高翠莲,董京原.出纳实务[M].北京：北京师范大学出版社,2011.

[11] 高翠莲.出纳业务操作[M].北京：高等教育出版社,2011.

[12] 林云刚,朱建君.出纳岗位实务[M].北京：电子工业出版社,2011.

[13] 周东黎,蔡蓉.出纳岗位实务[M].大连：大连出版社,2011.

[14] 索晓辉.看图学出纳[M].广州：广东经济出版社,2011.

[15] 王丽云.出纳岗位实务[M].北京：北京理工大学出版社,2010.

[16] 吴慧萍,李永波.出纳实务[M].北京：科学出版社,2009.

[17] 杨令芝,彭湘华,刘岳兰.出纳实务[M].上海：立信会计出版社,2009.

[18] 杨雄,吕晓荣.中小企业出纳实务[M].北京：电子工业出版社,2009.

[19] 干学森.出纳实务[M].杭州：浙江大学出版社,2008.

[20] 鞠岗,史璞.出纳实务[M].杭州：浙江大学出版社,2008.

[21] 张文会.出纳十日读[M].北京：中国商业出版社,2008.

[22] 余国燕.出纳岗位技能实训[M].北京：科学出版社,2008.

[23] 林冬梅.会计岗位实训[M].北京：电子工业出版社,2007.

[24] 郑卿,李拥军.出纳人员岗位培训手册[M].北京：人民邮电出版社,2007.

[25] 郭晶洁.第一次当出纳有问必答[M].北京：企业管理出版社,2006.

[26] 戚素文.会计基本技能[M].北京：科学出版社,2005.